AF461888

DE

# L'EFFET TRANSLATIF DU PARTAGE

## EN DROIT ROMAIN.

—

# DE L'EFFET DÉCLARATIF DU PARTAGE

## EN DROIT FRANÇAIS.

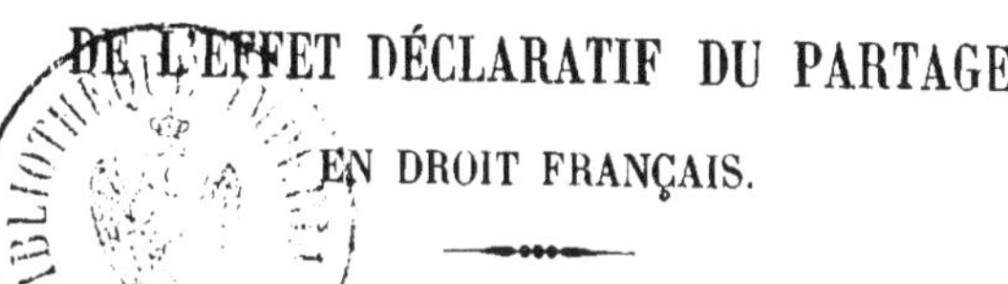



# THÈSE

PRÉSENTÉE A LA FACULTÉ DE DROIT DE POITIERS

POUR OBTENIR LE GRADE DE DOCTEUR

ET SOUTENUE

LE SAMEDI 8 DÉCEMBRE 1866, A TROIS HEURES DU SOIR

DANS LA SALLE DES ACTES PUBLICS DE LA FACULTÉ

PAR

**Alfred Broussard,**

AVOCAT A LA COUR IMPÉRIALE DE POITIERS.

POITIERS

TYPOGRAPHIE DE HENRI OUDIN

RUE DE L'ÉPERON, 4.

1866

*COMMISSION :*

PRÉSIDENT, M. BOURBEAU ✱, DOYEN.

| | | |
|---|---|---|
| SUFFRAGANTS : | M. FEY ✱. | PROFESSEURS. |
| | M. MARTIAL PERVINQUIÈRE. | |
| | M. DUCROCQ. | |
| | M. BAUDRY LACANTINERIE. | AGRÉGÉ. |

---

*Vu par le Président de l'acte,*
BOURBEAU ✱.

Vu : *le Doyen*,
BOURBEAU ✱.

*Vu par le Recteur*,
MAGIN (O. ✱).

« Les visa exigés par les règlements sont une garantie des principes et des « opinions relatives à la religion, à l'ordre public et aux bonnes mœurs « (Statut du 9 avril 1825, art. 41), mais non des opinions purement juridi- « ques, dont la responsabilité est laissée aux candidats. »

« Le candidat répondra en outre aux questions qui lui seront faites sur les « autres matières de l'enseignement. »

A MA FAMILLE.

A MES AMIS.

# DROIT ROMAIN.

## DE L'EFFET TRANSLATIF DU PARTAGE.

### CHAPITRE PREMIER.

#### NOTIONS PRÉLIMINAIRES.

Lorsque deux ou plusieurs personnes ont sur une même chose des droits de même nature, qui se limitent réciproquement par leur concours, on dit qu'elles sont dans l'indivision. Telle est la situation que fait naître l'ouverture d'une succession au profit de plusieurs héritiers : chacun d'eux acquiert un droit indivis sur chaque objet héréditaire. Ce qui caractérise l'indivision, c'est le concours des droits de tous les communistes sur la chose commune tout entière, et sur chaque fraction de la chose commune. Titius et Mœvius sont copropriétaires du fonds Tusculan : chacun d'eux a la moitié indivise du fonds tout entier, et de chaque partie du fonds; il n'est point de parcelle sur laquelle l'un d'eux puisse prétendre un droit exclusif. L'indivision est une source de discordes; elle est contraire aux intérêts de l'agriculture, car l'homme néglige ce qu'il ne possède pas exclusivement : aussi la loi la regarde-t-elle comme une situation transitoire, que le partage doit faire cesser le plus tôt possible.

Avant le partage, les communistes n'ont que des parts indivises, déterminées seulement par une proportion, comme la moitié, un tiers, un quart de la chose commune. Une part indivise n'est pas visible, palpable, elle ne tombe pas sous les sens; l'intelligence seule la conçoit. Le partage a pour effet d'attribuer à chacun des communistes une part divise, matériellement distincte, composée de tel ou tel objet, et de lui en conférer la propriété absolue et exclusive. Un exemple fera mieux sentir qu'un raisonnement abstrait comment ce résultat se produit. Titius et Mœvius sont copropriétaires du fonds Cornélien et du fonds Tusculan. Tant que dure l'indivision, chacun d'eux a la moitié indivise des deux fonds. On partage, et le fonds Cornélien échoit à Titius, le fonds Tusculan à Séius. Titius est devenu propriétaire exclusif du fonds Cornélien ; il a donc acquis les droits de Séius sur cet immeuble, puisqu'avant le partage, il n'en avait que la moitié. De même, Séius, désormais seul propriétaire du fonds Tusculan, a acquis les droits de son copartageant sur ce fonds. Ainsi, Titius, pour acquérir les droits indivis de Séius sur le fonds Cornélien, lui a cédé les droits qu'il avait sur le fonds Tusculan ; et réciproquement, Séius, pour obtenir les droits de Titius sur le fonds Tusculan, a dû lui abandonner ses droits sur le fonds Cornélien. En résumé, c'est au moyen d'un échange de parts indivises, que s'accomplit le partage : chacun des communistes acquiert le droit de copropriété qu'avaient les autres dans les biens qui lui sont attribués, et aliène les droits de même nature qu'il avait lui-même dans les autres biens.

Aussi plus d'une loi du Digeste reconnaît-elle au partage le caractère d'un échange ; Papinien, dans la loi 77, § 18, *De legatis 2°*, le définit ainsi : *permutatio rerum discernens communionem*. Cependant la loi 1, C. comm., *utriusque judicii* l'envisage autrement, et l'assimile à la vente : *divisionem prædiorum vicem emptionis obtinere placuit*. Les commentateurs ont cherché à concilier ces dispositions contraires. Les uns ont prétendu que le partage était tantôt un échange et tantôt une vente : un échange quand il avait lieu en nature, une vente quand on avait recours à la licitation. Dans ce système, la loi 77 se référerait au cas spécial du partage en nature, la loi 1 au cas de la licitation. Cette distinction est sans doute ingénieuse, mais elle n'existe pas dans les textes, où le partage est assimilé d'une manière absolue et dans tous les cas, soit à la vente, soit à l'échange.

D'autres ont vu dans la loi 1, C. un vestige de la doctrine des Sabiniens relativement à la vente. On sait que les Sabiniens confondaient ensemble la vente et l'échange, puisqu'ils ne jugeaient pas nécessaire, pour qu'il y eût vente, que le prix consistât en argent monnayé ; il n'est donc pas étonnant qu'ils aient considéré le partage comme une sorte de vente.

Au reste, peu importe la question de savoir si le partage est un échange plutôt qu'une vente, ou une vente plutôt qu'un échange : quelle que soit la divergence des textes que nous venons de citer, on peut en tirer cette conclusion certaine, c'est qu'en droit romain, le partage se fait au moyen de cessions réciproques de droits indivis, ou, pour parler le langage des jurisconsultes modernes, qu'il est translatif de propriété.

Nous allons rechercher comment s'opérait au profit de chacun des communistes la translation de propriété.

## CHAPITRE II.

### COMMENT S'OPÉRAIT DANS LE PARTAGE LA TRANSLATION DE LA PROPRIÉTÉ.

La propriété se transférait par des moyens différents, suivant que le partage était amiable ou judiciaire.

Quand le partage se fait à l'amiable, les parties composent elles-mêmes les lots, et s'en transfèrent mutuellement la propriété par la tradition ou par la mancipation. Soient deux fonds, le fonds A et le fond B, indivis entre Primus et Secundus. Les parties majeures de 25 ans et capables conviennent que le fonds A appartiendra à Primus, le fonds B à Secundus : cette simple convention a-t-elle fait cesser l'indivision? a-t-elle attribué à Primus la propriété exclusive du fonds A, à Secundus celle du fonds B? Non, car en droit romain les conventions sont impuissantes à transmettre la propriété. Secundus doit manciper à Primus sa part indivise du fonds A; déjà propriétaire de la moitié de ce fonds, Primus acquiert par cette mancipation l'autre moitié, et devient ainsi seul propriétaire du fonds A tout entier. Réciproquement Primus mancipera à

Secundus sa part du fonds B, et Secundus aura dès lors des droits exclusifs sur ce fonds. Au temps de Justinien, la distinction des choses en *res mancipi et res nec mancipi* a disparu ; c'est par la simple tradition que les copartageants peuvent se transférer la propriété des objets indivis de toute nature.

Lorsque les communistes ne peuvent pas s'entendre, ou lorsqu'il se trouve parmi eux des mineurs de 25 ans ou des incapables, la loi veut que le partage soit opéré par le juge : à cet effet, elle donne aux cohéritiers l'action *familiæ erciscundæ*, à tous autres communistes l'action *communi dividundo*. Le juge institué par l'une ou l'autre de ces actions met fin à l'indivision en adjugeant à chacun des communistes une part de la chose commune. Adjuger, c'est transférer la propriété. Dans les actions réelles, le juge ne fait que reconnaître et confirmer un droit de propriété préexistant ; dans une action en partage, il attribue réellement la propriété par le prononcé de sa sentence.

Il est investi de ce pouvoir par une disposition particulière de la formule des actions *familiæ erciscundæ et communi dividundo*, je veux parler de l'*adjudicatio*, dont Gaïus nous a conservé les termes et indiqué les effets dans ce passage de ses *Commentaires* : *Adjudicatio est ea pars formulæ, qua permittitur judici rem alicui ex litigatoribus adjudicare : velut si inter coheredes familiæ erciscundæ agatur, aut inter socios communi dividundo, aut inter vicinos finium regundorum ; nam illic ita est : quantum adjudicare oportet, judex Titio adjudicato*[1]. Dès

1. *Com.* IV, § 42.

qu'une chose est adjugée à l'un des communistes, qu'elle soit *res mancipi* ou *nec mancipi*, l'adjudicataire en devient propriétaire exclusif[1].

Le juge avait, pour procéder au partage, des pouvoirs très-étendus : il pouvait faire plusieurs parts de la chose commune, et adjuger une de ces parts à chacun des communistes[2]. Si la chose indivise n'était pas commodément partageable, il l'adjugeait tout entière à l'un des communistes, en le condamnant à payer une soulte à ses copartageants[3]. Il pouvait encore la liciter, c'est-à-dire la mettre aux enchères et l'adjuger au plus offrant[4]. Enfin il avait la faculté d'adjuger à l'un la nue-propriété, à l'autre l'usufruit : « *Officio judicis talis adjudicatio fieri potest, ut alteri fundum, alteri usumfructum adjudicet*[5] ». Il n'est pas sans intérêt de rapprocher de cette disposition la loi 10, § 1er, *D. fam. ercisc.*: « *Si alii fundum, alii usumfructum fundi judex adjudicaverit, non communicari usumfructum.* » Pourquoi Julien prend-il soin de nous dire que, si le juge de l'action *familiæ erciscundæ* ou *communi dividundo* adjuge à l'un *fundum*, à l'autre *usumfructum fundi*, l'usufruit n'est point indivis entre les deux copartageants, mais appartient exclusivement à un seul ? Cette explication était-elle donc nécessaire? Oui, car, d'après la loi 19 D, *De usu et usuf. leg.*, la volonté d'un testateur exprimée dans les mêmes termes que l'*adjudicatio* produit un effet bien

1. *Ulp. reg.*, tit. 19, § 16.
2. *Inst. de offic. jud.*, § 5.
3. *Ibid.*
4. L. 22, § 1er. *D. fam. ercisc.*
5. L. 6, § 10. *D. com. divid.*

différent. Si le testateur a dit : *Primo fundum, Titio usumfructum ejus fundi do lego*, Primus a droit à la nue-propriété du fonds, et de plus à la moitié de l'usufruit ; quant à Secundus, il ne peut réclamer que la moitié de l'usufruit du même fonds. L'usufruit est donc indivis entre les deux légataires. Cette différence de résultats naît d'une interprétation bien fondée : autant il est naturel d'induire de la disposition testamentaire précitée, que le testateur a voulu laisser l'usufruit indivisément aux deux légataires, autant il serait absurde de penser que le juge, qui ne fait d'adjudication que pour mettre fin à l'indivision, établit par cette adjudication même une nouvelle indivision.

Il est probable que dans le principe chaque *adjudicatio* était suivie d'une *condemnatio* ; après avoir adjugé un objet commun, le juge devait condamner l'adjudicataire à payer la valeur des droits que ses copropriétaires avaient sur la chose adjugée. Supposons que Primus et Secundus sont appelés à partager également une succession. Le juge attribue à Primus un objet qui vaut 400 sesterces : il condamne en même temps Primus à payer à Secundus 200 sesterces, qui représentent la part de Secundus dans l'objet. Il adjuge ensuite à Secundus un objet de 200 sesterces, et le condamne à payer à Primus 100 sesterces, qui sont le prix des droits de Primus sur l'objet. Plus tard l'opération se simplifia : le juge compensa les sommes dues par chacun des copartageants, et ne prononça en définitive de condamnation que contre celui qui avait obtenu au delà de sa part héréditaire. La loi 52, § 2, *D. fam. ercisc.*, nous permet du moins de conjecturer que les choses se sont ainsi passées : *Arbiter familiæ erciscundæ inter me et te sumptus quædam mihi, quædam tibi adjudicare volebat: pro his rebus alterum alteri condemnandos esse intelligebat. Quæsitum est, an possit, pensatione ultro citroque condemnationis facta, cum solum cujus summa excederet, ejus duntaxat summæ, quæ ita excederet, damnare? Et placuit posse id arbitrum facere.* Les Instituts ne présentent aucun vestige de la marche suivie à l'origine : ils prescrivent seulement au juge de condamner le communiste qui a obtenu une part plus forte que celle à laquelle il avait droit : *Si unius pars prægravare videbitur, is invicem certa pecunia condemnandus est*[1].

Nous avons établi que l'adjudication transférait la propriété, le *dominium ex jure Quiritium :* en était-il ainsi, quelle que fût la forme de l'instance, dans un *judicium imperio continens* aussi bien que dans un *judicium legitimum*? On avait cru jusqu'à la découverte des *Fragments du Vatican* que la nature de l'instance n'influait aucunement sur les effets de l'adjudication, et que dans tous les cas le juge transférait le *dominium ex jure Quiritium*. Mais un texte des *Fragments du Vatican* nous a révélé que l'adjudication ne pouvait constituer l'usufruit que dans un *judicium legitimum*. Il est dès lors naturel de penser que si l'adjudication était impuissante à créer un démembrement de la propriété dans un *judicium imperio continens*, elle ne pouvait pas dans cette même instance transférer la propriété pleine et entière. Un texte vient fortifier ces conjectures déjà si plausibles, c'est la loi 44, § 1er, *D. fam. ercisc. : Si fami-*

1. *Inst. de offic. jud.*, § 5.

*liæ erciscundæ vel communi dividundo actum sit, adjudicationes prætor tuetur, exceptiones aut actiones dando.* Si l'on a intenté l'action en partage soit d'une hérédité, soit d'une chose commune, le préteur protége les adjudications en donnant des exceptions ou des actions. Assurément l'adjudicataire n'a pas besoin de la protection du préteur, quand l'adjudication lui a transféré la propriété civile ; *dominus ex jure Quiritium*, n'a-t-il pas l'*actio in rem civilis* pour revendiquer sa chose, et ne se défend-il pas *ipso jure* et sans le secours d'exceptions contre toute revendication ? Mais si l'on suppose que l'adjudication a mis seulement la chose *in bonis*, la protection du préteur devient facile à expliquer. C'est au moyen de l'action Publicienne que l'adjudicataire revendiquera la chose qui lui a été adjugée ; c'est au préteur qu'il aura recours pour obtenir une exception contre la revendication des autres communistes, qui ont conservé dans la limite de leurs droits le *dominium ex jure Quiritium* de la chose adjugée. Paul a donc en vue dans la loi 44 le cas où l'adjudication a mis seulement la chose *in bonis*; et cette translation imparfaite de la propriété provenait sans nul doute de ce fait, que l'adjudication avait été prononcée dans un *judicium imperio continens*. Dira-t-on qu'il était un autre cas, où l'adjudication ne pouvait pas transférer la propriété civile : celui où la chose adjugée n'appartenait pas aux communistes ? Il est aisé de démontrer que telle n'est pas l'hypothèse que la loi 44 a prévue : cette loi parle en effet d'exception à accorder à l'adjudicataire ; or, dans le cas où l'adjudicataire n'avait pas acquis la propriété de la chose, parce qu'elle appartenait à un tiers, le préteur ne pouvait pas songer à lui donner une exception qui lui eût permis de repousser la demande du véritable propriétaire. Celui-ci ne devait pas souffrir, en effet, de ce que sa chose avait été mal à propos l'objet d'une action en partage entre des personnes qui n'y avaient aucun droit. Quelle était la cause de la différence qui existait entre les effets de l'adjudication prononcée dans un *judicium legitimum* et ceux de l'adjudication prononcée dans un *judicium imperio continens*? C'est là une question fort intéressante, mais sur laquelle les textes du droit romain ne jettent aucune lumière; les commentateurs modernes ont été réduits à faire sur ce point des conjectures singulièrement hasardées. Suivant M. Pellat [1], la différence que nous avons signalée tenait peut-être à ce que dans les *judicia legitima* les pouvoirs du juge avaient été réglés par une loi, la loi *Julia judiciaria*, et reposaient ainsi sur le droit civil; le juge étant en quelque sorte *lege datus* pouvait conférer le *dominum ex jure Quiritium*. Dans les *Judicia imperio continentia*, au contraire, le pouvoir du juge émanait du magistrat: aussi ne pouvait-il pas plus que ne l'aurait pu le magistrat lui-même, conférer la propriété civile; il devait se contenter de mettre la chose adjugée *in bonis* de l'adjudicataire.

Quant à l'usufruit, il est certain qu'il ne pouvait être constitué par adjudication que dans un *judicium legitimum*. Le § 47 des *Fragments du Vatican* le dit formellement : *Potest constitui et familiæ erciscundæ vel communi dividundo judicio legitimo*. L'usufruit adjugé dans un

1. *Commentaire du livre VI des Pandectes*, page 491.

*judicium imperio continens* n'existait pas, suivant la loi civile ; mais il est probable que le préteur le reconnaissait et veillait à ce qu'il fût respecté.

Le juge, en créant l'usufruit, pouvait-il l'assujettir à toute espèce de termes ou de conditions ? Ulpien répond affirmativement dans la loi 16, § 2, D. *fam. ercisc.* : *Ususfructus et ex certo tempore, et usque ad certum tempus, et alternis annis adjudicari potest.* On voit qu'Ulpien résout la question comme si elle ne présentait aucune difficulté ; cependant, les *Fragments du Vatican* nous ont appris qu'elle était l'objet d'une vive controverse entre les jurisconsultes romains. Paul veut qu'on distingue suivant la nature du terme et de la condition : *Ad certum tempus, et in jure cedi, et legari, et officio judicis constitui potest*[1]. *Ex certo tempore legari potest ; sed an in jure cedi, vel an adjudicari possit, variatur. Videamus ne non possit, quia nulla legis actio prodita est de futuro*[2]. Ainsi, d'après Paul, l'usufruit peut bien être constitué *ad certum tempus,* c'est-à-dire, pour durer jusqu'à telle époque, jusqu'à l'événement de telle condition ; mais le juge ne peut pas dire : « J'adjuge à Primus l'usufruit du fonds Cornélien, et cet usufruit ne commencera qu'à dater de telle époque, ou si telle condition se réalise. Le terme *ex quo,* la condition suspensive vicient et annulent l'adjudication, et, par suite, empêchent l'usufruit de prendre naissance. D'où vient que le juge ne peut pas constituer d'usufruit *ex certo tempore* ? *Quia nulla legis actio prodita est de futuro,* c'est que jamais action de la loi

1. 48, *Fragm. Vatic.*
2. 49, *Fragm. Vatic.*

ne fut donnée pour un droit futur. Cette raison a paru insuffisante à M. Pellat, qui en a exposé une autre dans son savant *Traité des principes de la propriété* : « On conçoit, dit-il, que le juge, qui n'a à s'occuper que des droits actuels des parties, ne leur confère également que des droits actuels ». Il est vrai que, dans la plupart des cas, le juge ne fait que constater et reconnaître un droit préexistant. Dans une action en revendication, par exemple, qu'a-t-il à rechercher? Si le droit invoqué par le demandeur existe réellement à son profit. Pour triompher dans ses prétentions, le demandeur doit prouver qu'il est actuellement propriétaire, et non pas qu'il le sera si tel événement se réalise. Mais dans une action en partage, toute autre est la mission du juge : il n'a pas à constater, mais à créer un droit ; dès lors, pourquoi ne pourrait-il pas suspendre jusqu'à une époque déterminée l'exercice de ce droit, ou en faire dépendre l'existence de l'événement d'une condition? Evidemment c'est à l'histoire qu'il faut demander le motif de cette prohibition. Les actions de la loi n'étaient pas données pour des droits futurs ; ces actions disparues, la règle proclamée par Paul leur a survécu, et s'est appliquée aux actions qui étaient dérivées d'elles. L'*in jure cessio* n'est que l'*actio sacramenti* simplifiée : aussi le magistrat ne peut-il pas constituer par cession juridique un usufruit *ex certo tempore* ou *ex conditione*. Quant à l'adjudication, pourquoi ne serait-elle pas dérivée de la *judicis postulatio*? Il est probable, en effet, que la *judicis postulatio* était l'action à laquelle recouraient les communistes pour sortir d'indivision. Ils n'étaient pas, comme dans l'*actio sacramenti*, obligés de se provoquer mutuellement, et le juge y était investi de pouvoirs étendus, qui lui étaient nécessaires pour procéder au partage. Plus tard, les formalités solennelles ont été abolies, mais l'adjudication a continué d'être soumise à l'antique règle créée pour les actions de la loi, et le juge est resté privé du droit de conférer l'usufruit *ex certo tempore*, comme il l'était dans l'ancienne procédure. Lorsque l'adjudication était annulée, par suite de l'adjonction d'une modalité prohibée, l'usufruit, qui ne pouvait pas prendre naissance suivant le droit civil, était-il reconnu et protégé par le préteur ? La loi 4, D. *De servitutibus*, que nous aurons bientôt occasion d'examiner, permet de le conjecturer : le préteur n'avait-il pas, en effet, pour mission de corriger ce qu'il y avait de trop rigoureux dans le vieux droit Quiritaire ?

Le juge de l'action en partage pouvait, au moyen de l'adjudication, constituer une servitude prédiale aussi bien qu'une servitude personnelle. Deux fonds, le fonds A et le fonds B, sont indivis entre Primus et Secundus. Le juge, en adjugeant à Primus le fonds A, peut le grever d'une servitude au profit du fonds B qu'il attribue à Secundus : *Sed etiam cum adjudicat, poterit imponere aliquam servitutem, ut alium alii servum faciat ex iis quos adjudicat*[1]. C'est au moment même où il adjuge le fonds, que le juge doit établir la servitude ; s'il l'adjuge purement et simplement, il n'a pas le droit de le grever ensuite d'une servitude, en adjugeant un autre fonds: *Sed si pure adjudicaverit fundum, alium adjudicando, amplius servitutem imponere non poterit*[2]. La servitude ne

1. Loi 22, § 3, *D. fam. ercisc.* — 2. *Ibid.*

saurait être créée au profit d'un fonds qui n'est pas compris dans l'indivision : *Ut fundus hereditarius fundo non hereditario serviat, arbiter disponere non potest*[1] ; c'est seulement sur un fonds commun et au profit d'un autre fonds commun qu'elle peut être constituée.

L'usufruit, étant un droit temporaire, destiné à s'éteindre par la mort ou le changement d'état de la personne qui en est investie, pouvait être soumis à toute espèce de termes ou de conditions ; ces modalités ne paraissaient pas contraires à la nature de l'usufruit, et étaient admises par le droit civil. Le mode de constitution de l'usufruit faisait seul obstacle à l'apposition de certains termes ou de certaines conditions. Les servitudes prédiales, au contraire, attachées à des immeubles dont la durée est indéfinie, étaient considérées comme perpétuelles, et on jugeait incompatibles avec leur nature les limitations de temps que les parties auraient voulu y apporter par une clause de l'acte de constitution. Ces modalités étaient annulées, effacées par la loi civile, et la servitude s'établissait purement et simplement. Nous savons toutefois que l'adjonction du terme *ex quo* aurait eu pour effet de vicier l'adjudication, et d'empêcher l'établissement même de la servitude. Telles étaient les règles du droit civil ; mais la loi 4, D., *De servitutibus,* nous apprend que le préteur avait cru devoir en tempérer la rigueur : *Servitutes ipso quidem jure neque ex tempore, neque ad tempus, neque sub conditione, neque ad certam conditionem constitui possunt ; sed tamen, si hæc adjiciantur, pacti vel per doli exceptionem*

1. Loi 18, *D., com. divid.*

*occurretur contra placita servitutem vindicanti ; idque et Sabinum respondisse Cassius retulit, et sibi placere.* Le préteur faisait donc respecter les modalités qui avaient été ajoutées à la servitude : une exception de dol ou de pacte permettait de repousser celui qui revendiquait cette servitude au mépris des conventions.

Nous nous sommes placé jusqu'à présent dans l'hypothèse où c'est un droit de pleine propriété qui est indivis. Mais il est possible qu'un droit d'usufruit ou d'usage appartienne indivisément à plusieurs. Comment les communistes sortiront-ils d'indivision ? Les règles du partage ordinaire ne peuvent pas s'appliquer à l'usufruit, car le partage ne s'opère qu'au moyen d'un échange, c'est-à-dire à l'aide de cessions réciproques de la part des copartageants, et les Romains regardaient l'usufruit comme un droit incessible : la cession d'usufruit faite à tout autre qu'au nu-propriétaire était nulle, et même, suivant quelques-uns, avait pour effet d'éteindre l'usufruit. L'usufruit, en tant que droit réel, restera donc indivis, mais les communistes se partageront en fait la jouissance. Supposons que l'usufruit du fonds Cornélien est indivis entre Primus et Secundus. Primus et Secundus s'entendent pour diviser le fonds en deux parties ; puis ils conviennent que Primus aura la jouissance de la part A, Secundus celle de la part B, et cet arrangement est confirmé par des stipulations. Primus interroge Secundus en ces termes : Promettez-vous de me laisser jouir de la part A, et si vous ne le faites pas, promettez-vous de me payer cent écus à titre de peine ? Et Secundus répond : Je le promets. Secundus exige de Primus une promesse analogue.

Est-ce à dire que l'usufruit de la part A considéré comme droit réel appartient tout entier à Primus? Non, car il faudrait pour cela que Secundus lui eût transmis le droit indivis qu'il a sur cette portion, et nous savons que cette cession n'est pas possible. Mais Primus jouira, comme s'il était usufruitier pour le tout, et aura contre Secundus une action personnelle, née de la stipulation, pour le contraindre à respecter cette jouissance. Quant à l'action confessoire, il ne l'aura que pour partie, puisqu'il n'est usufruitier que pour partie ; s'il est troublé par des tiers, il devra donc se faire céder l'action que Secundus a pour sa part indivise, et il agira ensuite *partim suo, partim procuratorio nomine.*

Si le partage ne pouvait pas s'opérer à l'amiable, la loi donnait aux parties une action *communi dividundo* utile : *inter eos, ad quos ususfructus pertinet, utile communi dividundo reddi plerisque placuit*[1]. Mais aucune adjudication n'est ici possible ; car nous savons qu'adjuger c'est aliéner, et l'usufruit n'est pas susceptible d'aliénation. Pour mettre fin à l'indivision, il faut recourir à des moyens détournés, qu'indique la loi 7, § 10, *com. divid. : Cum de usufructu communi dividundo judicium agitur, judex officium suum ita diriget, ut vel regionibus ejus uti frui permittat, vel locet usumfructum uni ex illis, vel tertiæ personæ, ut hi pensiones sine ulla controversia percipiant : vel si res mobiles sint, etiam sic poterit, ut inter eos conveniat, caveantque, per tempora se usuros et fruituros : hoc est, ut apud singulos mutua vice certo tempore sit ususfructus.* Le juge peut diviser le fonds en

1. Loi 4, *D. de aqua cottidiana.*

plusieurs parties, et attribuer à chacun des communistes la jouissance d'une de ces parties. Remarquons les expressions dont se sert la loi, *uti frui permittat* : le juge n'attribue pas un véritable usufruit ; il permet seulement de jouir de telle ou telle partie du fonds, et il impose à chacun l'obligation de promettre qu'il respectera l'arrangement convenu. Il peut encore louer l'usufruit à l'un des communistes ou à un étranger ; le prix de location sera distribué entre les communistes, suivant la part que chacun d'eux a dans l'usufruit ; ou bien enfin, si c'est une chose mobilière qui est soumise à usufruit, il appellera les copartageants à en jouir à tour de rôle.

Lorsque c'était un droit d'usage qui se trouvait indivis, la difficulté de partager était encore plus grande : car non-seulement le droit d'usage ne peut pas être aliéné, mais encore il est interdit de le louer. Pour éviter l'inconvénient d'une indivision perpétuelle, il avait bien fallu faire céder la rigueur des principes : le juge attribuait l'usage en entier à l'un des communistes, qui payait aux autres une indemnité équivalente à la part qu'ils avaient dans le droit d'usage [1].

On sait que la loi partageait elle-même entre les héritiers à raison de leur droit héréditaire les créances et les dettes de la succession : *ea quæ in nominibus sunt, non recipiunt divisionem, cum ipso jure in portiones hereditarias ex lege XII Tabularum divisa sint* [2]. Le morcellement qui résulte de ce partage légal présente quelque-

1. Loi 10, § 1er, D., *com. divid.*
2. Loi 6, *Cod.*, 3, 36.

fois des inconvénients ; mais les parties peuvent y remédier en attribuant, par exemple, à un seul la totalité d'une créance. Au reste, cet arrangement n'anéantit pas le premier partage opéré par la loi : l'héritier ne devient pas créancier de la somme, comme si ses cohéritiers n'avaient jamais eu aucune part de la créance ; créancier seulement pour sa part héréditaire, il est pour le reste cessionnaire de ses cohéritiers. Il poursuivra donc le payement de la créance en partie en son nom, en partie comme *procurator in rem suam*[1]. Le juge, s'il voit qu'il est désavantageux de s'en tenir au partage légal, peut aussi attribuer la totalité d'une créance à l'un des héritiers, ou le charger seul du payement intégral d'une dette ; mais il ne peut pas plus que les parties elles-mêmes faire disparaître au moyen de cet arrangement le partage légal ; l'héritier, dans le lot duquel a été mise une créance entière, agira *partim suo partim procuratorio nomine*; et lorsqu'un seul a été chargé de la totalité d'une dette, ses cohéritiers n'en demeureront pas moins débiteurs pour leur part et exposés aux poursuites des créanciers : *nec tamen scilicet hæc attributio illud efficit, ut quis solus totum debeat, vel totum alicui solo debeatur, sed ut, sive agendum sit, partim suo partim procuratorio nomine agat, sive cum eo agatur, partim suo partim procuratorio nomine conveniatur*[2].

1. Loi 2, § 5, D., *fam. ercisc.*
2. Loi 3, D., *fam. ercisc.*

## CHAPITRE III.

### DES CONSÉQUENCES DE L'EFFET TRANSLATIF DU PARTAGE ENTRE LES COPARTAGEANTS.

Une étude attentive de la nature du partage nous a conduit à cette conclusion, qu'en droit romain le partage est translatif de propriété. Ce principe une fois posé, nous avons à rechercher quelles conséquences en découlent, d'abord à l'égard des copartageants, puis à l'égard des tiers.

### § Ier. — *De la capacité nécessaire pour partager.*

Puisque le partage est une aliénation, il est de toute évidence qu'il faut, pour le provoquer, avoir la capacité d'aliéner ; des textes nombreux au Digeste et au Code viennent à l'appui de cette proposition. Le père de famille n'a pas le droit de disposer du pécule *castrans* du fils soumis à sa puissance ; aussi la loi le déclare-t-elle incapable de procéder au partage des biens indivis qui entrent dans la composition de ce pécule ; *negabimus patrem, filio salvo, communi dividundo agentem proprietatem alienaturum*[1]. Sous Alexandre Sévère, un sénatus-consulte[2] vient défendre aux tuteurs d'aliéner les immeubles de leurs pupilles sans un décret du préteur ;

1. Loi 18, § 2, D., *Castrensi peculio.*
2. Loi 1, *princ.*, D., *de rebus eorum qui sub tutela, etc.*

désormais ils ne pourront plus sans un tel décret demander le partage de ces mêmes biens : *inter omnes minores nec commune prædium sine decreto præsidis sententia senatusconsulti distrahi patitur* [1]. Mais ils n'ont pas besoin de l'autorisation du préteur pour répondre à l'action en partage intentée contre eux ; dans ce cas, en effet, comme nul n'était tenu de rester dans l'indivision, le préteur n'aurait pas pu refuser son autorisation ; contraindre le tuteur à la demander, c'eût été le soumettre à une formalité inutile. Le mari, qui ne pouvait pas aliéner les immeubles dotaux de sa femme, se trouvait aussi privé de la faculté d'en provoquer le partage ; mais lorsque l'action *communi dividundo* était intentée par le copropriétaire de la femme, la loi permettait au mari d'y répondre [2].

## § II. — *De l'obligation de garantie.*

L'acheteur et le coéchangiste évincés peuvent recourir en garantie contre leur auteur, et obtenir des dommages et intérêts, l'un au moyen de l'action *præscriptis verbis*, l'autre au moyen de l'action *ex empto*. Nous ne devons pas être surpris de voir la loi donner une action de même nature au copartageant évincé d'un objet mis dans son lot ; toutefois il ne faut pas croire que l'analogie plus ou moins parfaite que le partage présente avec l'échange ou avec la vente soit l'unique cause de l'obligation de garantie dont les copartageants sont te-

1. Loi 17, *Cod. de prædiis minorum.*
2. Loi 2, *Cod. de fundo dotali.*

nus les uns à l'égard des autres. La loi veut que l'égalité règne entre les copartageants, et il est nécessaire, pour que ce but soit atteint, que la perte éprouvée par l'un d'eux soit répartie entre tous, et supportée par chacun, proportionnellement à la part qu'il prend dans la chose commune. Par quelle action le copartageant évincé obtiendra-t-il l'indemnité qui lui est due ? La loi 14, *Cod. fam. ercisc.*, et la loi 7, *Cod. com. utr. judic.*, lui accordent la même action qu'au coéchangiste, l'action *præscriptis verbis*; la loi 66, § 3, D., *De evictionibus* lui donne l'action *ex empto*. Nous trouvons dans ces textes de nouvelles traces de la controverse des jurisconsultes romains sur la nature du partage.

Dans la vente, une stipulation venait habituellement corroborer l'obligation de garantie du vendeur. En était-il de même dans le partage? Il est certain que le juge des actions *familiæ erciscundæ et communi dividundo*, après avoir prononcé une adjudication, devait faire donner par les autres parties à l'adjudicataire une *cautio de evictione*. C'est ce que Paul nous apprend dans la loi 25, § 21, D., *fam. ercisc.* : *Judex familiæ erciscundæ curare debet, ut de evictione caveatur his quibus adjudicat.* Le même jurisconsulte dit ailleurs : *In communi dividundo judicio, justo pretio rem æstimare debebit judex, et de evictione quoque cavendum erit*[1]. La loi 7, *Cod.*, 3, 38, nous induit à penser que la *cautio de evictione* était également usitée dans les partages conclus à l'amiable. Lorsque les parties, en opérant le partage, avaient eu recours à cette stipulation, le copartageant évincé pouvait intenter

1. Loi 10, § 2, D., *Com. divid.*

l'action *ex stipulatu*. Nous allons voir que cette action était loin de conduire au même résultat que l'action *ex empto* et l'action *præscriptis verbis*.

Dans ces deux dernières actions, l'indemnité due au copartageant devait être calculée d'après la valeur de la chose au moment de l'éviction. La loi 66, § 3, D., *De evictionibus* ne laisse aucun doute à cet égard : *evictis prædiis actio dabitur, ut, quanti sua interest, actor consequatur ; scilicet ut melioris aut deterioris agri facti causa, finem pretii, quo fuerat tempore divisionis æstimatus, deminuat vel excedat*. La loi 7, *Cod., Com. utr. jud.* n'est pas moins explicite. Les lois romaines n'établissaient donc aucune différence entre le copartageant d'une part et l'acheteur et le coéchangiste de l'autre ; les uns et les autres, lorsqu'ils avaient souffert d'une éviction, pouvaient réclamer la valeur qu'avait la chose au moment même de l'éviction. Ainsi quatre héritiers ont à partager un patrimoine de 100,000 sesterces. Une maison qui, au moment du partage, vaut 25,000 sesterces, échoit à l'un d'eux ; puis elle lui est enlevée judiciairement à une époque, où elle a pris une valeur de 30,000 sesterces ; c'est à 30,000 sesterces que sera fixée l'indemnité qui lui est due. La solution que nous venons de présenter a été contestée, bien qu'elle se fonde sur un texte de la plus grande clarté. Dumoulin a soutenu que, pour apprécier la somme due au copartageant évincé, il faut se placer non pas à l'époque de l'éviction, mais à celle du partage. C'est à tort qu'on chercherait à assimiler ici le partage et la vente : le vendeur qui a cédé la chose d'autrui est le seul qui ait induit l'acheteur en erreur : *Solus totam rem suam asserit, solus in totum decipit.* Dès lors, rien de plus juste que de le condamner à des dommages et intérêts envers l'acheteur qu'il a trompé. Mais, dans le partage, c'est aussi bien par mon fait que par celui de mes copartageants, que la chose dont j'ai souffert l'éviction est tombée dans mon lot. Je ne puis rien leur imputer que je ne puisse m'imputer à moi-même, et par conséquent, je n'ai pas le droit de réclamer d'eux des dommages-intérêts : *Nemo magis asserit, neuter magis decipit quam alter ; imo dicitur res evinci facto vel culpa communi, et sic nulla esse inter eos obligatio in id quod extrinsecus interest, sed ut mutuo compensent*[1]. Il suffit qu'on rétablisse l'égalité, en m'accordant la valeur de la chose à l'époque du partage. Le texte si précis de la loi 66, *De evictione,* n'embarrasse pas Dumoulin : ce texte ne s'applique, suivant lui, qu'au cas spécial où l'éviction est arrivée par le fait d'un copartageant. Il nous est impossible de découvrir dans les textes la distinction proposée par Dumoulin : aussi n'hésitons-nous pas à maintenir que, lorsqu'un copartageant recourt en garantie par l'action *præscriptis verbis,* il faut apprécier le bien qui lui a été enlevé, d'après sa valeur au temps de l'éviction, et ne pas s'en tenir à l'estimation contemporaine du partage, si le bien a depuis augmenté ou diminué de valeur.

Dans l'action *ex stipulatu*, le montant de l'indemnité était fixé par la convention des parties. Mais quel était d'ordinaire le chiffre de cette indemnité ? Chaque copartageant devait-il s'obliger à payer, en cas d'éviction, le double de la valeur de la chose au moment du par-

1. DUMOULIN, *Traité de eo quod interest*, nº 145.

tage, comme le vendeur s'obligeait, en pareille hypothèse, à payer le double du prix? Le silence des textes ne nous permet de faire à ce sujet que des conjectures. Toutefois, on a soutenu que, dans le partage judiciaire, le juge pouvait exiger des parties la stipulation du double : c'est ce que décide Cujas, d'après une loi de Pomponius, qui range la stipulation *duplæ* parmi les stipulations communes, ordonnées tantôt par un magistrat, tantôt par un juge. Or, dans quel cas, dit-il, le juge pouvait-il ordonner une telle stipulation, si ce n'est à l'occasion d'un partage en justice? Nous ignorons s'il n'y avait pas d'autres circonstances où le juge avait le droit d'ordonner la stipulation du double; nous ferons seulement observer qu'imposer aux communistes la promesse de payer le double de la valeur de la chose évincée, c'était substituer une chance de gain ou de perte à l'exacte réparation du dommage éprouvé, et par conséquent altérer le caractère du partage, qui n'est pas comme la vente un acte de spéculation.

L'obligation de garantie n'était pas de l'essence du partage; les parties pouvaient s'en affranchir au moyen d'une convention spéciale[1]; et même elles en étaient exemptées de plein droit, lorsque le copartageant évincé connaissait au moment du partage le danger de l'éviction, et qu'il n'avait pas eu soin de stipuler expressément la garantie[2].

1. Loi 14, *Cod.*, 3, 36.
2. Loi 7, *Cod.*, 3, 38.

§ III. — *De la rescision pour cause de lésion.*

La loi 3, *Cod. com. utr. jud.* autorise la rescision du partage pour cause de lésion : *majoribus etiam, per fraudem vel dolum vel perperam sine judicio factis divisionibus, solet subveniri : quia in bonæ fidei judiciis, quod inæqualiter factum esse constiterit, in melius reformabitur.* Quel taux la lésion devait-elle atteindre pour que le partage pût être rescindé ? Fallait-il comme dans la vente une lésion de plus de moitié ? Des commentateurs, invoquant le silence des textes et des considérations d'équité, ont prétendu qu'il suffisait d'une inégalité appréciable dans la composition des lots. Je ne saurais croire que le législateur ait abandonné à tant d'incertitude le sort d'un contrat aussi important que le partage ; la loi 3 ne fixe pas expressément, il est vrai, le taux de la lésion ; mais sa pensée ne nous est-elle pas révélée par un texte voisin, la loi 1, qui assimile le partage à la vente ? N'est-ce pas dire que les principes qui régissent la vente sont également applicables au partage, et que le copartageant lésé n'est recevable à demander la rescision du partage qu'à la condition de prouver qu'il n'a pas reçu la moitié de la part à laquelle il avait droit ?

La loi 3 s'applique-t-elle au partage judiciaire aussi bien qu'au partage amiable ? L'obscurité des expressions *sine judicio* a fait naître sur ce point une controverse : suivant les uns, ces mots désignent les partages accomplis en dehors de l'intervention du juge ; d'où il faudrait conclure qu'une lésion, quelque grave qu'elle fût, ne saurait amener la rescision d'un partage opéré par le juge. D'après une autre interprétation, que je crois mieux fondée, les mots *sine judicio* font simplement allusion aux partages qui causent du préjudice à l'un des copropriétaires, sans qu'il y ait eu dessein de lui nuire. Cette interprétation est confirmée par le rapprochement des mots qui précèdent : la loi désigne d'abord les partages, où l'inégalité résulte de la fraude et du dol, puis elle leur oppose, comme il est naturel de le faire, les partages où cette inégalité provient d'une erreur involontaire.

## CHAPITRE IV.

### DES CONSÉQUENCES DE L'EFFET TRANSLATIF DU PARTAGE A L'ÉGARD DES TIERS.

Le droit présentait à Rome la logique et la rigueur d'une science exacte. Lorsqu'un principe avait été posé, les jurisconsultes ne s'en écartaient jamais, et ils en déduisaient toutes les conséquences avec une admirable sûreté de jugement. Dans la matière qui nous occupe, ils avaient reconnu que le partage est un acte translatif de propriété. C'est en se fondant sur ce principe, et sans rechercher s'il ne valait pas mieux le faire céder parfois aux exigences de la pratique, qu'ils avaient déterminé les effets du partage tant à l'égard des tiers qu'à l'égard des copartageants eux-mêmes.

Et d'abord, ils avaient conclu que le partage constituait un juste titre susceptible de servir de fondement à l'usucapion ; le juste titre, en effet, n'est autre chose qu'un acte juridique qui révèle chez celui qui l'accomplit l'intention de transférer la propriété ; or nulle part cette intention n'éclate avec plus d'évidence que dans le partage qui a pour but d'attribuer à chacun des copartageants la propriété exclusive des objets mis dans son lot. Aussi, la loi 17, D., *De usurp. et usucap.*, dit-elle expressément que l'adjudication constituait une *justa causa usucapiendi* : *si per errorem de alienis fundis quasi de communibus judicio communi dividundo accepto, ex adjudicatione possidere cœperim, longo tempore capere possum.* Marcellus suppose que des fonds, sur lesquels les communistes s'imaginaient à tort avoir des droits, ont été compris dans le partage opéré par le juge. Dans cette hypothèse, l'adjudication ne saurait produire son effet ordinaire, la translation de propriété ; mais elle a du moins pour résultat de faire reposer sur une juste cause la possession des copartageants. Nous les avons supposés de bonne foi ; ils pourront donc acquérir par usucapion les choses qui leur ont été adjugées. Il n'est pas question dans la loi 17 du partage amiable ; mais, comme il n'est point d'une autre nature que le partage judiciaire, il doit produire le même effet, et conférer au copartageant le juste titre qui lui permettra d'acquérir par l'usage la chose qui lui a été livrée.

Il peut arriver que pendant l'indivision l'un des communistes constitue une hypothèque sur sa part indivise ; que deviendra, lors du partage, l'hypothèque ainsi concédée ? Pour résoudre cette question, il suffit de se référer à la nature du partage. Nous savons que le partage est une aliénation ; or, jamais l'aliénation de la chose hypothéquée n'a porté atteinte à l'hypothèque, qui est un droit réel inhérent à la chose sur laquelle il est établi. Le partage laissera donc subsister intégralement l'hypothèque créée pendant l'indivision, et la part grevée par l'un des communistes continuera de l'être, en quelques mains qu'elle passe : *divisio non mutat causam pignoris, sicut nec usucapio, nec venditio, nec alienatio ulla.* Soient deux fonds, A et B, indivis entre Primus et Secundus. Primus hypothèque au profit de Tertius la part indivise qu'il a dans chacun des deux fonds ; puis les communistes procèdent au partage, et le sort attribue à Primus le fonds A, à Secundus le fonds B. Ce partage ne change rien à la situation de l'hypothèque qui frappe toujours la moitié indivise de chaque fonds ; et rien n'est plus rationnel. Primus ne pouvait transmettre à Secundus son droit indivis sur le fonds B, que dans l'état où il se trouvait au moment de la cession ; *quoties dominium transfertur, ad eum qui accipit tale transfertur quale fuit apud eum qui tradit*[1]. Nous avons vu que la loi romaine donnait au juge en matière de partage des pouvoirs très-étendus ; aurait-il pu, pour dégrever le lot de Secundus, transporter sur la totalité du fonds A échu à Primus l'hypothèque établie sur la moitié indivise des deux fonds ? Non, car c'eût été porter atteinte aux droits du créancier, dont l'hypothèque repose sur la moitié indivise du fonds A et du fonds B, et non sur le fonds A tout entier. Un exemple fort simple montrera combien eût été contraire aux principes la faculté laissée aux copartageants de déplacer l'hypothèque. Un individu est propriétaire exclusif d'un fonds, il l'hypo-

1. Loi 2, § 1er, D., 41, 1.

thèque, puis il l'échange contre un autre fonds de même valeur. Est-ce que l'hypothèque délaissant le premier fonds ira se poser sur le second? Non certainement, elle s'est assise sur le premier fonds, elle s'y est fixée, elle doit le suivre dans les mains du nouveau propriétaire. Or le partage n'est qu'un échange de parts indivises, il faut donc appliquer les mêmes principes.

Les textes les plus précis confirment la solution que nous venons de donner. Gaius dit dans la loi 7, § 4, D., 20, 6 : Il faut tenir pour certain que, si quelqu'un donne hypothèque sur la part indivise qu'il a dans une chose commune, une fois le partage opéré, l'hypothèque ne pèsera pas seulement sur la part échue au lot de celui qui l'a consentie, mais sur la moitié indivise de chaque part. Cette loi a été ainsi commentée par Cujas : *Ante divisionem pars fundi dimidia pro indiviso creditori obligata fuit. Ergo et post divisionem eadem pars creditori pro indiviso obligata manet, quo fit ut non tantum partis, quæ in eo fundo obtigit Primo, sed etiam partis quæ obtigit Secundo pars dimidia pro indiviso creditori maneat obligata. Et ratio hæc est, quia Primus non quam partem in fundo nunc habet, quæ certa est et certis finibus, sive regionibus circumscripta, pignori obligavit, sed eam partem pro indiviso quam tum habuit.*

Ce système si logique et si conforme aux principes avait pour effet de sauvegarder les droits des tiers, mais aussi de compromettre gravement la sécurité des partages. Un copropriétaire, obligé de supporter une hypothèque qu'il n'avait point consentie, ne recevait ainsi qu'une part diminuée de valeur et sujette à éviction. On avait imaginé divers moyens d'obvier à cet inconvénient. Le jurisconsulte Julien, dans la loi 6, § 8, D., *Com. divid.*, exprime l'avis que le juge, en attribuant à l'un des copropriétaires une chose hypothéquée du chef d'un autre, doit, dans son estimation, se tenir au-dessous du prix véritable, à raison du préjudice que peut causer l'action du créancier : *arbitrum communi dividundo hoc minoris partem æstimare debere, quod ex pacto vendere eam rem creditor potest, Julianus ait.*

La loi 3, § 2, D., *Qui potiores*, indique une autre manière de prévenir les inconvénients qui résultent de l'effet translatif du partage : *Post divisionem regionibus factam inter fratres convenit, ut si frater agri portionem pro indiviso pignori datam a creditore suo non liberasset, ex divisione quæsitæ partis partem dimidiam alter distraheret : pignus intelligi contractum existimavi, sed priorem secundo non esse potiorem ; quoniam secundum pignus ad eam partem directum videbatur, quam ultra partem suam frater non consentiente socio non potuit obligare.* Quelle est l'hypothèse prévue par cette loi ? Deux frères, Primus et Secundus, sont copropriétaires d'un fonds. Pendant l'indivision, Primus hypothèque au profit de Tertius sa part indivise ; puis le fonds est partagé par égales portions entre Primus et Secundus. Secundus est soumis à l'action hypothécaire du créancier ; afin de s'assurer, en cas d'éviction, un recours efficace contre Primus, il exige que celui-ci lui accorde une hypothèque sur la moitié indivise de la portion qui lui est échue. Papinien fait alors cette remarque pleine de justesse, que l'hypothèque concédée à Tertius ne fera pas tort à celle qui a été consentie à Secundus. Ces deux hypothèques reposent, en effet, sur des bases différentes :

la première frappe la moitié indivise qui appartenait à Primus avant le partage, la seconde porte sur la moitié indivise qui lui est échue par le partage, c'est-à-dire sur celle qu'il tient de Secundus. Les deux hypothèques ne concourent donc pas ensemble : l'une ne saurait nuire à l'autre.

Tels étaient les divers remèdes auxquels les copartageants pouvaient recourir, lorsqu'ils avaient connaissance des hypothèques consenties par l'un d'eux durant l'indivision. Mais on ne doit pas oublier qu'à Rome les hypothèques étaient occultes : aussi les parties devaient-elles le plus souvent ignorer celles qui avaient été concédées par un communiste dissipateur, et rester exposées sans défense au danger de l'éviction.

Nous avons maintenant à étudier les conséquences de l'effet translatif du partage, relativement à l'hypothèque légale des légataires sur les biens de la succession. Cette hypothèque créée par Justinien, dans le but d'assurer l'exécution des volontés du testateur, ne conférait pas aux légataires le droit de poursuivre chacun des héritiers au delà de la part dont il était personnellement tenu; aux termes de la loi 1, C. *Comm. de legat. et fideicomm.* ; l'action hypothécaire ne s'exerçait contre les héritiers et autres débiteurs du legs que dans la mesure de l'action personnelle : *In tantum et hypothecaria unumquemque conveniri volumus, in quantum personalis actio adversus eum competit.* L'art. 1017, en conservant dans notre droit cette hypothèque légale, lui a donné une étendue qu'elle n'avait pas dans la législation romaine; en effet, si chacun des héritiers ou autres débiteurs d'un legs n'est personnellement tenu de l'acquitter qu'au prorata de la part qu'il prend dans les biens de la succession, il en est tenu hypothécairement pour le tout, jusqu'à concurrence de la valeur des immeubles héréditaires dont il est détenteur. L'art. 1017 est le résultat d'une erreur législative : les rédacteurs du Code n'ont pas pris garde que donner contre chacun des héritiers une action hypothécaire mesurée sur l'action personnelle, ce n'était pas violer le principe de l'indivisibilité de l'hypothèque, fractionner une hypothèque préexistante, mais créer plusieurs hypothèques distinctes et indépendantes. Pothier disait avec raison : « Les legs diffèrent des dettes, et la raison de différence est sensible. Les dettes ont été contractées pour le total par le défunt, qui y a hypothéqué tous et chacun de ses biens, et par conséquent chaque portion des biens, auxquels chaque héritier succède, se trouve hypothéquée au total des dettes. Au contraire, l'obligation qui résulte des legs n'a été contractée que divisément, dès son commencement, par chacun des héritiers qui en sont tenus; et par conséquent la partie des biens, auxquels chacun a succédé, ne peut être hypothéquée qu'à la part dont il est tenu des legs[1]. » Les critiques adressées à l'art. 1017 du Code Napoléon sont parfaitement fondées ; cependant, nous allons voir que le droit romain, tout en faisant une exacte application des principes, conduisait presque au même résultat que le droit français, et que, par suite de l'effet translatif du partage, les droits hypothécaires des légataires ne différaient pas sensiblement à Rome des droits qui leur sont accordés par notre législation.

1. *Introduction au titre XVI de la Coutume d'Orléans*, nº 107.

Prenons une hypothèse à laquelle nous appliquerons successivement les principes du droit français et ceux du droit romain. Soient deux héritiers, Primus et Secundus, appelés au partage d'une succession, qui se compose de deux fonds A et B : le *de cujus* a fait en faveur de Tertius un legs de 10,000 fr. Le fonds A échoit à Primus, le fonds B à Secundus. Dans le système de notre Code, le légataire Tertius a hypothèque sur le fonds A jusqu'à concurrence de 10,000 fr., quoique Primus ne soit personnellement tenu de lui payer que 5,000 fr. De même, bien que Secundus ne doive à Tertius que la moitié de la somme léguée, c'est-à-dire 5,000 fr., celui-ci a hypothèque sur le fonds B jusqu'à concurrence de 10,000 fr. Quelle eût été la décision de la loi romaine en présence de la même hypothèse? Nous avons vu Justinien déclarer que l'action hypothécaire ne serait exercée contre chacun des débiteurs du legs que dans la mesure de l'obligation personnelle dont il était tenu; et cependant, par une conséquence nécessaire de la nature du partage à Rome, chaque héritier devait se trouver tenu hypothécairement pour la totalité du legs.

Plaçons-nous à l'instant de la mort du *de cujus*: c'est alors que l'indivision commence, et que l'hypothèque légale des légataires prend naissance, et va grever les biens de la succession. Tertius a contre Primus une créance de 5,000 fr.; cette créance est garantie par une hypothèque sur la part indivise de Primus dans les fonds héréditaires : Tertius a donc hypothèque jusqu'à concurrence de 5,000 fr. sur la moitié indivise du fonds A et sur la moitié indivise du fonds B. Même solution en ce qui concerne Secundus. Tertius a contre lui une créance de 5,000 fr., et, pour la garantir, une hypothèque jusqu'à concurrence de 5,000 fr. sur la moitié indivise de A et sur la moitié indivise de B. Ainsi Tertius a, du chef de Primus, hypothèque pour 5,000 fr. sur une moitié indivise du fonds A, et du chef de Secundus, hypothèque pour la même somme sur l'autre moitié indivise du même fonds ; il a donc hypothèque pour 10,000 fr. sur la totalité du fonds A. De même, il a hypothèque pour 5,000 fr. du chef de Primus et pour 5,000 fr. du chef de Secundus sur chaque moitié indivise du fonds B, c'est-à-dire hypothèque pour 10,000 fr. sur la totalité de ce fonds. Les héritiers procèdent au partage, et Primus obtient la pleine propriété du fonds A, Tertius celle du fonds B. Primus, devenu propriétaire exclusif du fonds A, est tenu hypothécairement sur ce fonds envers Tertius pour 5,000 fr. de son chef, et pour 5,000 du chef de Secundus ; car il n'a pu acquérir la moitié indivise de celui-ci dans le fonds A, que grevée de l'hypothèque légale, qui existait sur elle au profit de Tertius. Primus est donc en réalité tenu hypothécairement envers Tertius pour 10,000 fr., c'est-à-dire pour la totalité du legs. D'une autre part, Secundus, tenu hypothécairement sur le fonds B pour 5,000 fr. de son chef, et pour 5,000 du chef de Primus, est bien tenu hypothécairement pour 10,000 fr. envers Tertius. En un mot, chaque héritier est tenu hypothécairement pour le tout. Ainsi les rédacteurs de notre Code et ceux de la Constitution de Justinien sont arrivés par des voies différentes au même résultat : les premiers ont été égarés par une fausse conception du principe de l'indivisibilité des hypothèques ; les seconds n'ont fait que déduire avec leur logique habituelle les conséquences de l'effet translatif du partage.

Est-ce à dire que les deux législations présentent une analogie complète ? Il faut, pour rester dans le vrai, signaler entre elles de sérieuses différences. D'après l'art. 1017, chaque héritier est tenu hypothécairement pour le tout de son chef ; dans le droit romain, au contraire, chaque héritier est tenu hypothécairement moitié de son propre chef, moitié du chef de son cohéritier. Il résulte de là que, dans l'hypothèse précédente, chaque héritier ne pourra chez nous se libérer de l'hypothèque qu'en payant les 10,000 fr., ou qu'en abandonnant la totalité du fonds. A Rome, au contraire, chaque héritier pouvait se libérer à la condition de payer 10,000 fr., et d'abandonner en outre la moitié indivise du fonds qui lui était échu, puisque, pour cette moitié indivise, il n'est tenu que comme détenteur.

Supposons, en raisonnant toujours dans la même hypothèse, que le testateur ait mis à la charge de Primus la totalité du legs. L'autre héritier Secundus, affranchi de toute obligation de payer une partie de ce legs, n'est soumis à aucune action personnelle de la part du légataire ; mais, en droit romain, il est tenu hypothécairement comme tiers-détenteur sur la moitié indivise du fonds mis dans son lot. Cette moitié indivise lui vient en effet de Primus, et elle n'est arrivée entre ses mains que grevée de l'hypothèque légale de Tertius. Chez nous, au contraire, chaque héritier est censé tenir du défunt tous les objets compris dans son lot ; le fonds B échu à Secundus n'a donc pas pu être grevé d'hypothèque du chef de Primus, qui est réputé n'avoir jamais eu des droits sur ce fonds, et le légataire n'a d'action hypothécaire que contre Primus seul débiteur du legs.

Ce que nous avons dit de l'hypothèque consentie par l'un des communistes est également vrai de l'usufruit constitué par l'un d'eux sur sa part indivise. L'usufruit est, comme l'hypothèque, un droit réel, auquel le partage ne peut porter aucune atteinte. Deux personnes sont copropriétaires d'un fonds, et l'une d'elles cède à un tiers l'usufruit de sa moitié indivise. Le partage s'opère : est-ce que l'usufruit grèvera la totalité de la part échue à celui qui l'a constitué ? Non, il continuera de porter sur la moitié indivise du fonds tout entier, et par conséquent sur la moitié indivise de chaque part. Telle est la doctrine consacrée par la loi 31, D., *de usu et usufructu leg.*; mais, quelque conforme qu'elle fût aux principes, nous aurons occasion de voir qu'elle fut combattue par le jurisconsulte Trebatius.

Cependant le partage n'était pas toujours sans influence sur les droits consentis à des tiers pendant l'indivision : c'est ce que démontre la loi 13, § 17, D., *De actionibus empti et venditi : Fundi, quem cum Titio communem habebas, partem tuam vendidisti, et, antequam traderes, coactus es communi dividundo judicium accipere. Si socio fundus, sit adjudicatus, quantum ob eam rem a Titio consecutus es, id tantum emptori præstabis. Quod si tibi fundus totus adjudicatus est, totum eum emptori trades : sed ita, ut ille solvat, quod ob eam rem Titio condemnatus es. Sed ob eam partem quam vendidisti, pro evictione cavere debes ; ob alteram autem tantum de dolo malo repromittere. Æquum est enim eamdem esse conditionem emptoris quæ futura esset, si cum ipso actum esset communi dividundo.*

*Sed si certis regionibus fundum inter te et Titium judex divisit, sine dubio partem quæ adjudicata est emptori tradere debes.* Celsus suppose que l'un des communistes a vendu la moitié indivise qu'il a dans un fonds, et qu'ensuite il est contraint de procéder au partage, avant d'avoir fait tradition. L'acheteur peut-il dire, comme l'usufruitier, comme le créancier hypothécaire : Je n'ai point à me préoccuper du résultat du partage ; j'ai acheté la moitié indivise de ce fonds, c'est une moitié indivise qui doit m'être livrée? La loi 13 répond que les droits de l'acheteur seront déterminés par le partage : le vendeur obtient-il la moitié du fonds, il se libère en livrant à l'acheteur cette moitié, bien que ce ne soit pas celle qu'il a vendue : *liberatur, si partem, quæ obligit pro diviso, emptori tradiderit, quamvis eam non vendiderit, sed partem quam ante divisionem habebat* [1]. Le fonds est-il adjugé en entier au vendeur? L'acheteur est tenu de recevoir la totalité du fonds, sauf à rembourser à son vendeur le prix payé par celui-ci à son copartageant. Enfin, si c'est à l'autre communiste que l'adjudication fait obtenir le fonds, l'acheteur devra se contenter du prix payé par l'adjudicataire au vendeur.

D'où vient que l'acheteur est traité par la loi romaine autrement que l'usufruitier et le créancier hypothécaire? Paul de Castre nous indique la véritable raison de cette différence : au cas d'hypothèque, le créancier *habet jus in re, quod, cum semel rei infixum sit, eam sequitur in quascumque manus venerit ;* mais, au cas de vente, *emptor ante traditionem habet tantum jus ad rem, et actiones*

1. Cujas, *recitationes solemnes ad hanc legem.*

*ob eam rem competentes solus exercet.* Qu'importe au créancier hypothécaire l'issue du partage? Il a un droit réel, qui s'attache à la chose, et que ne peuvent atteindre ni les conventions des copartageants, ni les décisions du juge ; *quod in re jus semel adquisitum est, divisio inter alios facta immutare aut convellere non potest*[1]. Mais, dans le cas de vente non suivie de tradition, l'acheteur n'a pas acquis de droit sur la chose vendue, il n'a qu'une créance contre le vendeur. Or, il a dû prévoir le partage, s'attendre à en subir les conséquences ; quels reproches sera-t-il fondé à adresser au vendeur, s'il n'obtient pas la moitié indivise qui a été l'objet de la vente ? Ne savait-il pas, en contractant, que le vendeur était soumis à l'action en partage, et qu'en conséquence les droits de ce dernier dans la chose commune étaient sujets à se transformer ? On l'obligeait donc à recevoir ce qui était échu au vendeur qui le représentait, pour ainsi dire, au partage : *eadem est conditio emptoris, idque æquitas suadet, sive cum ipso actum sit communi dividundo, sive cum auctore ejus*[2]. Les choses se passaient comme si le partage s'était effectué avec l'acheteur lui-même.

La loi 13 suppose que le vendeur a été provoqué au partage, et qu'il a été mis contre son gré dans l'impossibilité de livrer la moitié indivise qui avait fait l'objet de la vente. S'il s'était porté demandeur à l'action *communi dividundo*, l'acheteur ne serait plus tenu de subir le résultat du partage, et il pourrait exiger du vendeur des dommages-intérêts pour inexécution du contrat.

1. Cujas, *ad hanc legem.*
2. Cujas, *recitationes solemnes ad hanc legem.*

Cujas, dans son commentaire de la loi 13, a fort bien saisi le motif de la décision du jurisconsulte ; mais, dans le commentaire de la loi 31, D., *De usu et usuf. leg.*, il abandonne l'explication qu'il a précédemment adoptée, et il la traite avec dédain comme une erreur de Barthole. *Nugæ sunt Bartholinæ : cur, quæso, divisio inter alios facta mutabit potius jus quod quis habet in personam, ut emptor, quam jus quod habuit in rem, ut fructuarius ?* Mais il n'oppose aucune objection sérieuse à l'opinion qu'il rejette : aussi croyons-nous devoir maintenir la doctrine de Barthole, qui seule rend compte de la diversité des solutions que présentent la loi 13, *De action. empti et vend.*, et la loi 31, *De usu et usuf. leg.*

Il faut observer que la loi 13 se place dans l'hypothèse où le partage s'opère après la vente, mais avant la tradition. En effet, dans le cas où la tradition s'est effectuée avant le partage, l'acheteur est devenu propriétaire de la chose vendue, il a succédé à tous les droits du vendeur ; l'indivision existe désormais entre l'acheteur et celui des communistes qui est resté étranger au contrat de vente. C'est entre eux que le partage aura lieu. Cette décision est confirmée par la loi 54, D., *fam. ercisc. : Ex hæreditate Lucii Titii, quæ mihi et tibi communis erat, fundi partem meam alienavi ; deinde familiæ erciscundæ judicium inter nos acceptum est. Neque ea pars, quæ mea fuit, in judicio veniet, cum alienata de hæreditate exierit, neque tua, quia, etiamsi remanet in pristino jure, hereditariaque est, tamen alienatione meæ partis exiit de communione.* Cette loi suppose que deux personnes sont appelées à une succession, et que l'une d'elles aliène sa part indivise d'un fonds héréditaire. L'action *familiæ erciscundæ* ne saurait désormais s'appliquer à ce fonds, parce qu'elle n'a lieu qu'entre héritiers, et que, relativement au fonds, dont une part a été aliénée, l'indivision n'existe plus entre deux héritiers, mais entre un des héritiers seulement et une personne étrangère à la succession. C'est par l'action *communi dividundo* que l'acheteur et l'héritier sortiront de l'indivision. La loi 3, C., *comm. divid.* statue dans le même sens que la loi 54, *fam. ercisc.* ; mais, au lieu du mot *alienare*, qui indique la translation de la propriété, la loi 3 emploie le terme *vendere*, de sorte qu'à ne consulter le texte nous nous trouvons dans l'hypothèse prévue par la loi 13, § 17, *De act. empti et vend.*, et cependant nous rencontrons ici la solution présentée par la loi 54 *fam. ercisc.* : *Ad officium arbitri, qui inter te et fratrem tuum pro dividendis bonis datus fuerit, ea sola pertinent, quæ manent communia tibi et illi ; nam ea, quorum partem is vendidit, cum emptoribus tibi communia sunt, etc.* Pour faire évanouir la contradiction apparente qui existe entre ce texte et le précédent, il suffit de remarquer que la loi 3 est du Bas-Empire, et qu'à cette époque il n'est pas rare de voir le mot *vendere* employé comme synonyme de *alienare.*

Nous avons vu avec quelle sagacité les jurisconsultes romains avaient déterminé la nature et les effets du partage ; leur doctrine, dont il est impossible de méconnaître la justesse et la logique, ne laissait pas d'entraîner dans la pratique de graves inconvénients. On respectait les droits acquis à des tiers, mais c'était au prix de la sécurité des partages. En effet, aucun copartageant ne pouvait se flatter d'obtenir un lot affranchi de toutes charges : hypothèque, usufruit, servitude, il avait tout à redouter ; de là des recours répétés, de là la discorde introduite au sein des familles. Certains esprits avaient dû être frappés des conséquences fâcheuses de l'effet translatif du partage, et se préoccuper avant tout de l'intérêt des communistes. La loi 31, D., *De usu et usuf. leg.* nous révèle une tentative faite en faveur des communistes par un jurisconsulte célèbre, Trebatius. Voici le texte de cette loi : *Is qui fundum tecum communem habebat, usumfructum fundi uxori legaverat; post mortem ejus, tecum hæres arbitrum communi dividundo petierat. Blæsus ait Trebatium respondisse, si arbiter certis regionibus fundum divisisset, ejus partis, quæ tibi obtigerit, usumfructum mulieri nulla ex parte deberi ; sed ejus quod hæredi obtigisset, totius usumfructum eam habituram. Ego hoc falsum puto. Nam cum ante arbitrum communi dividundo conjunctus pro indiviso ex parte dimidia totius fundi ususfructus mulieris fuisset : non potuisse arbitrum, inter alios judicando, alterius jus mutare; quod et receptum est.* Deux individus possèdent un fonds par indivis ; l'un d'eux meurt après avoir légué à sa femme l'usufruit de sa moitié indivise. Il est évident qu'il s'agit ici d'un legs *per vindicationem*, car, au temps de Trebatius, cette forme de legs pouvait seule créer un droit réel, transférer la propriété ou un démembrement du droit de propriété. C'est au moment de l'addition d'hérédité que la femme acquiert, de plein droit et sans aucun acte positif de volonté, l'usufruit qui lui a été légué ; cet usufruit porte sur la moitié indivise du fonds, et ne peut pas être déplacé par le partage. Donc, lorsque l'arbitre aura réglé les parts des communistes, l'usufruit grèvera la moitié indivise de chaque part : *usumfructum, qui mulieri quæsitus erat pro indiviso ex parte dimidia, arbiter coarctare non potuit ad partem dimidiam pro diviso, quam heredi adjudicavit*[1]. Telle est la décision que commande la rigueur des principes. Cependant Trebatius n'avait pas craint d'émettre une opinion contraire : interrogé sur ce point, il avait répondu que l'usufruit de la femme portait en totalité sur la part échue au lot de l'héritier du mari. C'était affranchir la part de l'autre communiste, et faire rétroagir les effets du partage au jour où l'indivision avait pris naissance. Ce système avait le mérite de sauvegarder les intérêts des communistes, et de maintenir la paix des familles ; de si précieux avantages auraient dû le faire admettre dans la législation romaine ; mais il n'avait réussi qu'à soulever l'indignation juridique des esprits, que touchaient surtout l'élégance du droit et la stricte application des principes. *Hoc ego falsum puto*, disait Labéon ; il prenait la défense de la sainte doctrine, et en constatait avec joie le triomphe : *quod et receptum est.*

Le partage continua donc à Rome de revêtir le caractère d'un acte translatif de propriété : ces principes passèrent à l'état de loi dans nos pays de droit écrit ; c'est de la France coutumière que devait surgir et prévaloir enfin sur la règle romaine la doctrine de l'effet déclaratif du partage.

1. CUJAS, *ad hanc legem.*

# ANCIEN DROIT FRANÇAIS.

## CHAPITRE PREMIER.

### ORIGINE DE LA MAXIME : LE PARTAGE EST DÉCLARATIF DE PROPRIÉTÉ.

Plusieurs principes de nos lois civiles remontent au régime féodal, et, chose digne de remarque, quelques-uns d'entre eux sont nés des faits et des événements plutôt que du raisonnement et des déductions logiques. Le praticien est souvent arrivé avant le jurisconsulte, et ce dernier a trouvé tout établis des principes qu'il ne lui a plus été donné que d'expliquer et de justifier. La doctrine de l'effet déclaratif du partage a dû son origine à la différence qui existait dans le droit féodal entre le partage et tout autre acte contenant translation de propriété ; elle a eu d'abord pour but de soustraire les partages à la règle qui prohibait l'aliénation des fiefs et de les affranchir du payement des droits seigneuriaux de lods et ventes. A quelle époque et comment s'est-elle formulée ? Quels ont été ses progrès et son développement dans l'ancienne jurisprudence ? En un mot, comment s'est accomplie la révolution qui devait détruire la doctrine romaine et imprimer au partage un nouveau caractère juridique ? C'est là une question historique du plus haut intérêt et dont l'étude est féconde en enseignements utiles.

On sait qu'à l'époque de la féodalité, toute terre avait deux maîtres dépendant l'un de l'autre et liés entre eux par des obligations réciproques : de là cette règle générale, que l'un des propriétaires ne put, sans le consentement de l'autre, substituer un tiers à ses droits et à ses obligations. Cette réciprocité, du moins, fut inscrite au livre des fiefs rédigé vers le milieu du XIIe siècle : *nec dominus nec vassalus, altero invito, alienare feudum potest.* Mais le seigneur ne tarda pas à s'affranchir de la nécessité d'obtenir le consentement de son vassal ; il put librement substituer une autre personne à ses droits comme à ses devoirs. Le vassal, au contraire, resta rigoureusement soumis aux lois primitives de la convention ; pour lui, le fief conserva son caractère éminemment personnel : conféré à vie, il put se transmettre héréditairement ; il ne put s'aliéner sans l'assentiment du seigneur.

Au IXe siècle, le Capitulaire de Kiersy accorda aux ducs, comtes et autres vassaux, médiats ou immédiats, l'hérédité de leurs offices et de leurs bénéfices. Le fief passant dès lors aux mains des héritiers du feudataire, on eut à se demander s'ils pouvaient le partager entre eux sans autorisation du seigneur. L'interdiction d'aliéner comprenait-elle celle de partager ? L'affirmative n'eût pas été douteuse si l'on s'en fût tenu aux principes du droit commun ; mais, à l'époque où naquit la difficulté, la jurisprudence romaine était depuis longtemps tombée dans l'oubli. Les juges étaient hommes d'épée ; ils regardèrent le partage comme une conséquence du droit héréditaire, et la faculté de succéder entraîna, par la force même des choses, celle de partager, sans qu'on songeât à se demander si le partage présentait ou non le caractère d'une aliénation.

Les grands feudataires ne tardèrent pas à comprendre ce que cette faculté de partager avait de désastreux pour leur autorité. Ils étaient sans cesse en guerre, et leurs vassaux devaient le service militaire. Or, pour combattre, autre chose est avoir sous ses ordres un auxiliaire puissant, autre chose une foule de petits serviteurs sans influence et sans crédit. Aussi vit-on les seigneurs se coaliser pour proscrire le partage des fiefs. — D'Argentré, en tête de son ouvrage : *Des partages des successions entre les nobles de Bretagne*, place une Assise célèbre de Geoffroy, duc de Bretagne, que ce prince publia en son parlement de Rennes (1185), sous le règne de Philippe-Auguste. Elle porte « que d'icy en avant ne se fera division ne partage de baronies, ny fiefs de chevaliers ; ains obtiendra l'aisné la seigneurie du tout. Et pourvoiront les aisnés aux puînés et juveigneurs, en sorte qu'ils se puissent honestement entretenir, et pourvoir à leurs nécessités, selon leur puissance ». Ce fut une règle presque universellement admise et constatée comme droit commun de la France par les Établissements de saint Louis, que les fiefs de dignité sont indivisibles et impartiables, même entre les héritiers.

Mais les vassaux subalternes, qui supportaient les charges du système féodal sans en recueillir les avantages, continuèrent à partager également la succession paternelle, et ne signèrent aucun accord tendant à les dépouiller de ce droit. Ils opposèrent aux efforts des seigneurs une résistance énergique, et ne consentirent qu'à modifier le partage héréditaire en attribuant à l'aîné une portion du fief variable de province à province, et assez considérable pour en maintenir la puissance.

C'est ainsi que les coutumes féodales admirent à la fois deux règles, que les principes du droit romain déclarent contraires : la prohibition absolue d'aliéner, et la faculté de partager, mais seulement dans le cas de communauté héréditaire. Tout autre partage resta soumis au droit commun des aliénations, et ne put être effectué sans le consentement du seigneur.

Ces maximes eurent bientôt à se manifester sous une autre forme. Les institutions féodales se transformaient peu à peu; les guerres privées de seigneur à seigneur étaient rendues impossibles, grâce aux progrès croissants de la royauté. La redevance militaire, base fondamentale du contrat de fief, devenait désormais inutile. Le seigneur attacha moins d'importance à la personne de son vassal, et songea d'ailleurs à tirer de ses fiefs quelque utilité pécuniaire : plusieurs vendirent leur consentement aux aliénations. Cette profitable pensée devint la règle générale, et la nécessité de l'autorisation seigneuriale ne fut plus qu'un principe représenté par l'obligation imposée au vassal de payer une somme d'argent à chaque mutation. Mais dans le cas où, antérieurement, cette autorisation n'était pas nécessaire, il est évident qu'on ne pouvait rien exiger, puisque la somme payée par le vassal était considérée comme le prix du consentement donné par le seigneur. Le partage héréditaire était depuis longtemps affranchi de la nécessité de l'autorisation ; il fut donc exempté du droit de mutation.

Comment le partage échappait-il à l'imposition fiscale, qui atteignait les aliénations en général ? Sous la féodalité, on ne songea guère à en découvrir la raison ; c'était par les armes et non par la science que se décidaient alors les questions. Mais, lorsqu'au sortir des ténèbres de la barbarie, les études juridiques commencèrent à attirer les intelligences les plus élevées, on dut chercher à constituer les faits en doctrine, et à leur trouver une raison de droit. Pour expliquer les décisions du droit féodal à l'égard du partage héréditaire, il eût suffi de quelques souvenirs historiques ; mais, à cette époque, l'histoire était dédaignée : aux causes réelles de nos règles coutumières, les légistes substituaient les textes du Code et du Digeste, et ce fut dans le droit romain qu'ils crurent trouver la raison d'une maxime directement contraire aux principes de la législation romaine. De la situation particulière attribuée par cette loi au communiste contre qui le partage a été provoqué, ils conclurent que cet acte présente quelque chose de spécial, et, qu'en conséquence on pouvait, sans violer les règles du droit, le regarder comme échappant à l'application des principes généraux qui régissent les aliénations. Si le partage est une aliénation, dirent-ils, cette aliénation puise un caractère de nécessité dans le principe que nul n'est tenu de rester dans l'indivision. Bientôt la théorie se précise et est réduite en axiome : « *Generale est ut quævis alia venditio necessaria non contineatur in prohibitione alienationis*[1]. *Nec ea prohibetur fieri sine consensu domini, nex ex ea quoque dominus habet laudimia, quamvis ex venditione habeat*[2]. » Poquet de Livonnière écrivait encore en 1720 : « C'est une maxime certaine que, pour les partages, il n'est point dû de lods et ventes, quoique le partage emporte aliénation, par la raison que c'est une aliénation nécessaire ». Cette explication hasardeuse n'altérait pas du moins le caractère du partage : il restait translatif; seulement, en qualité d'acte nécessaire, il était affranchi des droits seigneuriaux.

Mais à côté des docteurs s'élevait une classe nombreuse de jurisconsultes praticiens ; peu familiers avec les règles subtiles du droit romain, mais pénétrés de l'esprit des institutions coutumières, ils furent frappés des vices de l'interprétation des docteurs, et lui opposèrent de sérieuses objections. Le partage n'est une nécessité qu'à l'égard de celui contre lequel il est provoqué ; si la nécessité de la vente est une cause suffisante pour affranchir l'acquéreur des droits seigneuriaux , pourquoi n'en est-il pas exempt dans les adjudications par décret ? Pourquoi n'a-t-on pas exempté pareillement l'étranger adjudicataire de l'objet licité ?

Les praticiens avaient chaque jour à distinguer les aliénations interdites des partages autorisés; ces deux actes se présentaient à leur esprit avec des caractères

1. TIRAQUEAU, *Du retrait liguager*, § 1, gl. 14, n° 11.
2. *Ib.*, n° 10.

opposés. Aussi, déterminés par l'apparence plus que par le fond des choses, en vinrent-ils naturellement à penser que le partage n'est pas une aliénation ; ils le rangèrent parmi les actes simplement déclaratifs de propriété. Les deux théories rivales arrivaient par des voies différentes au même résultat, l'abolition des droits ; d'accord sur l'effet, elles étaient en dissidence relativement à la cause.

La doctrine de l'effet déclaratif du partage fut longtemps combattue par les jurisconsultes imbus des principes romains ; ils n'en parlaient qu'avec un profond dédain : *ita servatur in pratica*, disait Dumoulin ; et le président Favre, enseignant que le partage était translatif, ajoutait : *Soli Galli pragmatici contra sentiunt.* Cependant elle devait résister à toutes les attaques, s'affermir, s'étendre, et du droit féodal, où elle était née, passer dans le domaine du droit civil. Sur ce nouveau terrain, la question de la nature du partage souleva d'ardentes controverses ; opposés dans leur principe, les deux systèmes l'étaient également dans leurs conséquences. Quel devait être le sort des hypothèques consenties pendant l'indivision par un communiste sur un immeuble indivis, que le partage n'avait pas mis dans son lot ? Les docteurs soutenaient, conformément à la loi romaine, que le partage est une aliénation, que les objets aliénés passent aux mains de l'acquéreur dans l'état où ils se trouvent au moment de l'aliénation, et par conséquent avec les hypothèques dont ils sont grevés. Le caractère d'aliénation nécessaire qui est propre au partage ne peut point modifier la solution générale, parce qu'il n'a d'effet qu'à l'égard des copar-

4

tageants, et qu'il est complétement étranger au créancier. Les praticiens répondaient : le partage ne contient aucune aliénation; chaque copartageant est propriétaire de sa part divise, non pas en vertu du partage, mais en vertu de la saisine qu'il a reçue de la loi. Dès la mort du *de cujus,* il a été saisi de la totalité de l'hérédité *sub onere divisionis,* et il n'a pu l'aliéner, l'hypothéquer que sous la condition tacite du partage. Donc, lorsque l'immeuble hypothéqué par lui ne tombe pas dans son lot, l'hypothèque s'évanouit, car la condition sous laquelle elle a été constituée est défaillie.

Nul ne combattit avec plus de vigueur et d'autorité que Dumoulin la doctrine de l'effet déclaratif. On retrouve dans ses écrits la trace des luttes qu'il soutint pour faire triompher les principes du droit romain dont il s'était constitué le défenseur. Lui-même nous a conservé le souvenir d'une grave controverse qui eut sur les destinées de la règle nouvelle une puissante influence. Quatre héritiers possédaient un fief par indivis : l'aîné avait droit à la moitié de ce fief, chacun des autres à un tiers de l'autre moitié, c'est-à-dire à un sixième de la totalité. Pendant l'indivision, le seigneur, de qui le fief relevait, le saisit du chef de l'un des puînés, par conséquent pour un sixième. Les frères procédèrent ensuite au partage de l'hérédité : le fief échut en entier à l'aîné ; les puînés obtinrent d'autres immeubles qui ne relevaient pas du seigneur saisissant. La saisie opérée par le seigneur se trouvait-elle résolue par l'effet du partage ? Suivant les principes du droit romain, elle devait tenir, quel que fût le résultat du partage. Mais les praticiens du barreau de Paris prétendirent qu'elle était résolue ; dans leur système, le sort de la saisie, comme de tout droit réel créé pendant l'indivision, dépendait de l'issue du partage : *Judicium divisionis intentatum post prehensionem facit eam esse in suspenso et pendere a futuro eventu divisionis.* Ils ajoutaient que si le puîné sur qui la saisie avait été pratiquée avait obtenu une part divise dans le fief en question, la saisie aurait produit son effet non-seulement à dater du partage, mais du jour même où elle avait été faite, car la part divise aurait été subrogée de plein droit à la part indivise saisie par le seigneur. Les praticiens ne s'en tenaient pas là, ils poussaient leur système jusqu'à ses dernières conséquences, comme Dumoulin le constate avec une certaine amertume : *ut error semel admissus late serpit.* Ils disaient que l'hypothèque consentie par un communiste sur sa part indivise ne pesait que sur la part divise échue par l'événement du partage au lot du débiteur, et que l'autre communiste non débiteur n'avait pas à craindre de poursuites sur sa propre part.

Dumoulin ne put contenir son indignation juridique : il se hâta de réfuter cette étrange doctrine qui se mettait en révolte ouverte avec les lois romaines. La saisie seigneuriale, dit-il, ne saurait être résolue par l'effet du partage ; que le fief soit adjugé en entier à l'aîné, qu'il tombe au lot du puîné débiteur, ou qu'il soit partagé par portions égales, la saisie ne souffre aucune atteinte, elle ne peut être ni résolue, ni augmentée, ni diminuée. Elle subsiste toujours sur le sixième indivis, parce qu'elle constitue un droit réel, qu'elle s'adresse à la chose et non à la personne, et que, comme l'hypothèque, elle suit la chose en quelques mains qu'elle passe.

Dumoulin, dans une autre partie de ses œuvres, avait admis l'affranchissement fiscal du partage dans lequel il voyait une aliénation nécessaire ; il avait donc fait cause commune avec les hommes du palais tant qu'il s'était agi de repousser les prétentions de la féodalité. Mais, ce succès remporté contre l'ennemi commun, il se séparait entièrement des légistes praticiens, et soutenait contre eux la théorie romaine. Cette défense vigoureuse fut le dernier effort du système romain dans la France coutumière : la règle de l'effet déclaratif du partage fut nettement posée, elle fit de rapides progrès sous l'influence favorable de la jurisprudence du parlement de Paris. Dumoulin lui-même adopta vers la fin de sa vie l'opinion qu'il avait si vivement combattue, et dès lors il fut reçu que l'héritier n'acquiert rien de ses copartageants, et qu'il ne leur transmet rien ; en un mot, que le partage ne fait que déclarer les parts dont chaque héritier a toujours été propriétaire depuis le décès du *de cujus*.

## CHAPITRE II.

### DES DIVERSES THÉORIES A L'AIDE DESQUELLES LES ANCIENS AUTEURS AVAIENT JUSTIFIÉ LA RÈGLE DE L'EFFET DÉCLARATIF DU PARTAGE.

L'affranchissement fiscal du partage avait été proclamé dans la France entière ; présenté comme une application des principes mêmes du droit romain, il ne devait rencontrer aucune opposition dans les provinces de droit écrit profondément attachées aux traditions romaines. En effet, exempter le partage des droits de mutation parce qu'il est un acte nécessaire, ce n'était pas cesser d'y voir une aliénation. Quant à la décision donnée par les praticiens des pays coutumiers au sujet des hypothèques et des autres droits réels consentis pendant l'indivision, on ne pouvait l'adopter sans reconnaître au partage un caractère déclaratif. Aussi lisons-nous dans Bretonnier qu'elle avait été rejetée dans les provinces où le droit romain faisait encore loi. « A l'égard des parlements du droit écrit, je n'ai point vu d'auteur qui ait traité cette question ; mais j'ai de la peine à croire que la même jurisprudence y soit observée, parce que, suivant la disposition du droit romain, il est dit expressément que le partage fait entre cohéritiers ne change point l'hypothèque des créanciers. Cujas dit : *divisio non mutat causam pignoris sicut nec alienatio ulla.* Aussi, quoique Mornac dise que la loi *si cons.* est abrogée en France, cela doit s'entendre de la France coutumière et des pays de droit écrit ressortissants du parlement de Paris ; car, suivant le sentiment de notre auteur en cet endroit, la même jurisprudence est observée dans sa province et les autres régies par le droit écrit qui se trouvent dans le ressort du parlement de Paris [1]. » Toutefois, il est à présumer que la doctrine romaine ne se maintint pas toujours intacte, même dans les pays de droit écrit, et que les difficultés qu'elle n'avait pu prévoir furent plus d'une fois résolues à l'aide du principe des pays coutumiers.

Nous venons d'assister à l'origine de la maxime : le partage est déclaratif de propriété ; nous avons vu que,

1. *Œuvres* d'Henrys, liv. 6, chap. 5, quest. 37, III.

loin de résulter d'une étude réfléchie de la nature du partage, elle ne fut d'abord entre les mains des patriciens qu'une arme destinée à combattre les prétentions des seigneurs. On ne songea guère à l'expliquer théoriquement qu'après qu'elle se fut introduite dans le domaine du droit civil ; alors se produisirent différents systèmes que nous allons brièvement exposer.

Obligé d'accepter les nouveaux résultats du partage, Dumoulin avait dû composer avec les idées des praticiens pour justifier une doctrine qu'il regardait comme contraire à la logique des principes. On trouve assez vaguement indiquée, au titre des fiefs, une théorie qu'il néglige de développer : *Divisio vel assignatio postea inter eos secuta non videtur esse mutatio nec translatio ; sed consolidatio in unum ex iis, quæ inter eos quibus est res communis permittitur* [1]. Suivant Dumoulin, le partage n'est que la consolidation de la part à laquelle chacun a un droit antérieur et préexistant. Cette idée de consolidation paraît avoir été adoptée par Henrion de Pausey, quand il dit : « La cause de l'exemption des droits dans les partages, c'est que ce qu'on acquiert par les partages, c'est non la chose elle-même, mais la facilité d'en disposer à son gré, l'extinction des droits de ses copropriétaires [2] ».

D'après Hervé, le partage n'est pas translatif, parce qu'il consiste non pas dans une acquisition de la part indivise des autres copartageants, mais dans une renonciation consentie par ces copartageants. « Si le défunt,

1. *Tit. des fiefs*, § 33, Gl. 1, nº 70.
2. *Traité des fiefs*, *Du relief*, note 19.

dit-il, a laissé quatre héritiers du même degré et aux mêmes biens, chacun d'eux est saisi dans sa succession de l'universalité de ces biens... Si les quatre héritiers acceptent la succession, s'ils la partagent, si la maison entière tombe au lot de l'un d'eux, il a cette totalité de maison au même titre, sans aucune augmentation de son droit, et sans aucun changement dans la cause de la propriété. Seulement les autres renoncent au droit qu'ils ont de prendre une portion dans cette maison, et de faire décroître par là la portion du cohéritier, à qui elle est échue en entier [1] ». Ce système ne nous paraît pas admissible : il n'y a aucune analogie entre l'effet du partage et celui de la renonciation à une succession. L'héritier qui répudie une succession refuse d'acquérir un droit; mais une fois qu'il a accepté, s'il renonce à ses droits sur un objet de l'hérédité, il renonce à un droit acquis, et fait par conséquent une véritable cession de ce droit. Comprendrait-on d'ailleurs qu'une telle renonciation pût préjudicier aux tiers à qui l'héritier a consenti des droits ? Répudiez votre qualité, si bon vous semble, rejetez loin de vous la chose sur laquelle vous avez des droits, mais si j'y ai aussi des droits acquis juridiquement, votre répudiation ne saurait m'être opposée.

Lebrun rattache l'effet déclaratif du partage à la règle coutumière : *Le mort saisit le vif*. « Cette maxime, dit-il, dépend d'une autre, qui est fondamentale dans la matière des successions, que le mort saisit le vif, son plus prochain héritier habile à lui succéder; car, comme

1. *Théorie des matières féodales*, t. III, p. 41.

cette maxime s'entend de tout ce qui arrive à chaque héritier, dont il est censé saisi, il faut nécessairement donner au partage un effet rétroactif et tenir l'héritier partagé, du moment du décès, de tout ce qu'il a dans l'événement du partage [1]. » Les recherches historiques, auxquelles nous nous sommes livré, suffisent à démontrer combien la théorie de Lebrun est peu fondée. La règle de l'effet déclaratif n'est point une simple application de la maxime : *le mort saisit le vif;* autrement il serait difficile d'expliquer comment les partages de communauté et de société furent réputés déclaratifs.

Louet et Domat professaient une opinion que M. Demolombe reproduit en ces termes : « L'indivision dans laquelle se trouvent les cohéritiers est nécessairement soumise à la condition du partage. Chacun d'eux en conséquence peut être considéré comme propriétaire, sous une condition suspensive, de ceux des biens de la masse héréditaire qui seront compris dans son lot, et comme propriétaire, sous une condition résolutoire, de ceux des biens qui seront compris dans les lots de ses cohéritiers; et l'effet rétroactif de la condition accomplie est ainsi logiquement, que chacun d'eux est censé avoir toujours été propriétaire des biens à lui échus, et n'avoir jamais été propriétaire des biens échus à ses cohéritiers. » Louet disait : « *Qui rem pro indiviso possidet, non est dominus incommutabilis, sed dominus ad tempus, donec hæreditatis divisio facta sit, rei certæ aut corporis certi non est nisi cum onere divisionis;* c'est pourquoi il ne peut vendre, aliéner et hypo-

1. *Successions IV*, 1, n° 21.

théquer qu'avec la condition du partage et division. »

Une cinquième doctrine est enseignée par Pothier et quelques autres jurisconsultes. Elle consiste à dire que le partage est un acte déterminatif : « Le partage n'est donc pas considéré comme un titre d'acquisition par lequel chaque cohéritier acquiert une part indivise de ses cohéritiers, mais c'est seulement un acte déterminatif des choses auxquelles chaque cohéritier a succédé au défunt, chacun des cohéritiers, qui n'était héritier qu'en partie, n'ayant pu succéder à toutes, mais seulement à celles que lui assignerait un jour le partage que la nature de l'indivision exigeait [1] ».

Tels sont les différents systèmes mis en avant par nos anciens jurisconsultes pour justifier une règle dont ils n'avaient pas su découvrir l'origine historique. On voit que, s'ils étaient en désaccord sur le mode de justification, ils étaient unanimes à proclamer et à défendre le principe de l'effet déclaratif.

## CHAPITRE III.

### APPLICATION DE LA RÈGLE : LE PARTAGE EST DÉCLARATIF.

#### § Ier. — *Partage pur et simple.*

Une des premières questions que souleva l'introduction de la règle nouvelle dans les lois civiles, fut celle de savoir quel taux la lésion devait atteindre pour entraîner la rescision du partage. Après Accurse, le

1. POTHIER, *Succes.*, ch. 4, art. 5, § 1er.

président Favre soutint vivement l'application de la loi 2, C., *De rescind. vend.*, et, montrant dans le partage une véritable vente, il exigea, pour qu'il pût être rescindé, la lésion de plus de moitié. Mais Dumoulin, cédant sans doute à des considérations d'équité, enseigna dans le traité des fiefs qu'il ne fallait pas appliquer au partage les lois romaines sur la rescision de la vente, et qu'une lésion qui ne dépassait pas la moitié était suffisante, pourvu qu'elle fût raisonnable, *non nimis modica inæqualitas*; il justifiait la différence qu'il établissait en cette matière entre la vente et le partage, en se fondant sur la nécessité de ce dernier acte[1]. Henrys, homme de palais, s'appuyait sur ce que le partage « est plutôt une distinction des portions qui étaient confuses qu'une aliénation nouvelle[2] ». La doctrine romaine fut donc abandonnée, comme le constate avec regret le président Favre, et la jurisprudence française en vint à se contenter, en matière de partage, de la lésion du tiers au quart : *multorum pragmaticorum aliud judicium est, existimantium sufficere posse ad contractum rescindendum, si ad quartam usque justi pretii læsio probetur... Quam sententiam in Galliæ tribunalibus recepissimam esse refert Imbertus*[3].

Nous avons déjà fait connaître la controverse qui s'éleva entre les praticiens et les romanistes, au sujet de l'hypothèque consentie pendant l'indivision par l'un des cohéritiers. Les praticiens avaient soutenu que

1. Dum., *De usuris*, quest. 14, no 182.
2. Liv. 4, quest. 177, no 5.
3. Favre, *De error. pragmat. VIII. — Error. I.*

cette hypothèque devait subsister ou s'évanouir suivant que l'immeuble grevé tomberait ou non par l'événement du partage au lot du cohéritier débiteur. Cette opinion fut consacrée par une jurisprudence constante[1], et depuis longtemps, elle ne trouvait plus de contradicteurs, lorsque Pothier résuma ainsi la doctrine de notre ancien droit sur cette question : « Chaque héritier n'acquiert donc rien par le partage de ses cohéritiers; il tient tout du défunt immédiatement. De là il suit que les hypothèques des créanciers de chacun des cohéritiers se restreignent aux seules choses qui échoient dans le lot de leur débiteur, et qui sont susceptibles d'hypothèques, et qu'elles s'évanouissent et s'éteignent entièrement, lorsqu'il n'est échu au lot de leur débiteur que des choses mobilières et non susceptibles d'hypothèques, et qu'en conséquence, chacun des cohéritiers n'est aucunement tenu des hypothèques des créanciers de ses cohéritiers[2]. »

Ce que nous disons de l'hypothèque est également vrai de tout autre droit réel : ainsi l'usufruit constitué pendant l'indivision par l'un des communistes ne subsistera pas après le partage sur les biens compris dans les lots de ses cohéritiers.

Qu'elle fût ou non conforme aux principes de droit, la nouvelle doctrine se recommandait par son utilité. Louet en fait ressortir avec vigueur les avantages : « Que si ce que désire le créancier avait lieu, les cohéritiers

1. *Voir* les Arrêts rapportés par Louet, lettre H, som. 11, nos 5, 6 et 7.

2. *Successions*, chap. 4, art. 5, § 1.

seuls demeureraient misérables, pensant avoir un lot pour en jouir : ils prendraient les dettes d'autrui à acquitter : au lieu de jouir de leur part héréditaire, ils seraient tourmentés par des créanciers étrangers ; bref, un créancier safranier infecterait toute la succession de ses dettes, et néanmoins les cohéritiers ne pourraient pas pourvoir à cet inconvénient qui est *ex natura rei*[1]. »

Pothier ajoute cette remarque : « Les hypothèques étant extrêmement multipliées parmi nous, on n'aurait pu faire aucun partage, si on ne se fût pas écarté du droit romain ». On sait que dans l'ancien droit les actes passés devant notaire emportaient, même tacitement, hypothèque générale.

## § II. — *De la licitation.*

La licitation est la vente aux enchères d'une chose indivise. Le droit féodal ne vit d'abord dans la licitation qu'un moyen prompt et facile de trancher toutes les difficultés qui embarrassaient souvent le partage, et de sauvegarder le fief du démembrement qu'entraînait la division. Aussi, fut-elle permise et même encouragée : « On souffrait en bonne paix, dit d'Argenté, que chacun se despeschât en cela par grâce et concorde à titre de partage ». Mais lorsque la féodalité devint surtout fiscale, et que les profits pécuniaires furent considérés comme le principal avantage du contrat de fief « aucuns par avanture plus advisés que prud'hommes vou-

1. Lett. H, X, 4.

lurent profiter parmi les affaires de leurs voisins[1] ». Les seigneurs songèrent à analyser avec plus de soin la licitation ; ils refusèrent de reconnaître un caractère purement déclaratif à un acte qui a pour résultat d'attribuer, moyennant un prix, à l'un des copartageants, la totalité d'un bien dans lequel il n'avait droit qu'à une partie. Leur triomphe fut complet : l'ancienne *Coutume de Paris* déclara que la licitation au profit d'un cohéritier était vente pour le tout, et l'adjudicataire fut obligé de payer les droits de lods et ventes sur la totalité du prix d'adjudication. Mais pourtant, la licitation n'est-elle pas un moyen nécessaire du partage lui-même, lorsqu'il s'agit de choses qui ne se peuvent pas diviser? C'est ce que Dumoulin fit observer : *illa assignatio incipit et dependet a causa necessaria divisionis*. Ce puissant adversaire de la féodalité donna le signal de la révolte, et il obtint par des victoires successives l'affranchissement fiscal de la licitation. Voici dans quelle circonstance il eut pour la première fois occasion de battre en brèche le droit féodal. Une maison située à Paris était indivise entre trois cohéritiers du nom de Buquet. Agnès Buquet s'en rendit adjudicataire sur une licitation où les étrangers furent admis. Les officiers fiscaux voulurent exiger d'elle le payement des droits sur la totalité de la maison ; elle refusa, prétendant ne devoir les droits que pour les portions de ses frères, c'est-à-dire pour les deux tiers. Le conseil des finances, devant lequel l'affaire fut portée, convoqua plusieurs avocats expérimentés et vieillis dans la pratique. La

1. D'Argentré, *Partage des nobles*, quest. 40.

majorité se prononça pour le fisc : elle soutint que la licitation était une vente pure et simple qui avait porté sur la maison tout entière, *sonat in meram et puram venditionem totius domus*. On ne devait pas objecter que l'adjudicataire n'avait pu se vendre à elle-même sa propre part, car, en soumettant la maison entière à la licitation, n'était-elle pas censé avoir abdiqué ses droits sur sa part, de sorte qu'après l'adjudication elle tenait la maison entière, non de ses cohéritiers, mais du juge? Enfin des étrangers s'étaient portés enchérisseurs avant Agnès : dès lors, quand elle était demeurée adjudicataire, elle avait été subrogée à leurs droits d'acquéreurs éventuels, et par suite se trouvait dans la position d'un étranger adjudicataire.

Dumoulin seul soutint la prétention d'Agnès Buquet; mais quand il se leva pour développer ses arguments, les officiers du fisc refusèrent de l'entendre, et Agnès Buquet fut condamnée. Elle fit appel au parlement de Paris, qui réforma le jugement précédent par un arrêt solennel du 2 avril 1538. — Qu'importe, disait Dumoulin, la forme que revêtent les actes? C'est à la réalité qu'il faut s'attacher. Le droit réclamé par le fisc se perçoit sur la vente : or, ici il n'y a eu vente que pour les deux parts des cohéritiers, la part de l'adjudicataire n'a été acquise par personne, ni par les cohéritiers ni par les étrangers ; s'il n'y a pas eu acquisition de cette part, il n'y a pas eu de vente, et Agnès l'a conservée au même titre qu'elle l'avait antérieurement. Si les étrangers admis à la licitation se sont portés enchérisseurs, leur offre n'a-t-elle pas été couverte par l'enchère d'Agnès? Il n'y a donc pas eu de vente à leur égard, et l'adjudicataire n'a pu être subrogée à des droits qu'ils n'ont jamais eus.

Encouragé par ce succès, Dumoulin prétendit bientôt que l'héritier adjudicataire ne devait les lods et ventes ni pour sa part, ni même pour celles de ses cohéritiers, et la jurisprudence consacra de nouveau son avis. Le savant jurisconsulte s'avançait lentement, mais avec sûreté dans la voie libérale où il s'était engagé. C'est ainsi que, dans le *Traité des fiefs,* il avait attribué à la licitation le caractère d'une vente, lorsqu'elle était faite avec admission d'étrangers ; dans ce cas, suivant lui, la licitation perdait son caractère de partage et devenait une aliénation ordinaire, quel que fût l'adjudicataire, parce qu'alors elle avait une existence propre et qu'elle puisait en elle-même sa raison d'être, *quum sit vera venditio per se principaliter subsistens.* — Le *Traité des Censives* nous montre l'opinion de Dumoulin modifiée : il soutient qu'il n'y a pas de droits féodaux à acquitter, si l'immeuble licité reste en définitive à l'un des cohéritiers. Qu'importe, en effet, que les étrangers aient été admis à surenchérir ? Ils ont été vaincus et écartés dans la lutte des enchères ; les choses se passent comme s'il n'y avait que des cohéritiers, et l'on retombe dans les termes d'un simple partage. Donc, un seul point décidera désormais du caractère de la licitation : quel est l'adjudicataire ? Est-ce un étranger ? Est-ce un des communistes ? Dans le premier cas, il y aura vente ; dans le second, partage.

C'est ainsi qu'insensiblement, en partant de cette idée, que le partage et la licitation, ayant une fin identique, doivent produire les mêmes effets, Dumoulin parvint à faire appliquer à la licitation les règles du partage. La doctrine qu'il avait enseignée reçut une sanction législative ; le nouvel art. 80 de la *Coutume de Paris* exempta la licitation des redevances seigneuriales : « Si l'héritage ne se peut partir entre cohéritiers et se licite par justice sans fraude, ne sont dues aucunes ventes pour l'adjudication faite à l'un d'eux ; mais s'il est adjugé à un étranger, l'acquéreur doit ventes ». Le texte trop vague de cet article souleva de nombreuses controverses et soutint longtemps l'esprit de résistance des seigneurs. « Si l'héritage ne se peut partir », disait l'art. 80, de quelle impossibilité voulait-il parler ? Excluait-il l'impossibilité morale ou de convenance ? « Entre cohéritiers » : fallait-il voir dans ces termes une restriction ou bien au contraire une simple énonciation ? « Et se licite par justice » ; la licitation par-devant notaires était-elle soustraite à l'application de l'art. 80 ? Dumoulin avait déjà résolu les deux premières questions. Au sujet de la loi 1, *Cod., comm. divid.*, il avait écrit que l'impossibilité de division exigée pour la licitation devait s'entendre d'une impossibilité morale aussi bien que d'une impossibilité physique ; *rei non commode vel non libenter divisibilis*. Après Barthole, il avait enseigné que l'exemption des droits seigneuriaux s'attachait à toute sorte de partage, de communauté comme d'hérédité. Il ne faut point, disait-il, se préoccuper de la cause qui a fait naître l'indivision ; qu'elle existe entre associés, copropriétaires ou cohéritiers, l'acte qui la termine est toujours un partage. Dans un cas comme dans l'autre, il y a toujours aliénation nécessaire : *æque necessaria est divisio vel inter communes ex societate, sive sine societate, ex quavis causa.* La controverse ne fut pas de longue durée sur la première question : dès 1634, le parlement jugea qu'une impossibilité morale suffisait pour motiver une licitation, et depuis lors sa jurisprudence fut suivie sans objection [1]. Sur le second point, la discussion dura plus longtemps : un grand nombre d'auteurs refusaient d'affranchir des droits de mutation le partage des sociétés; ils prétendaient que le partage entre simples associés n'est pas précisément nécessaire, parce qu'il vient à la suite d'une indivision volontairement acceptée. Le parlement décida que les communistes autres que les cohéritiers devaient les droits dans tous les cas et sans distinction, l'adjudicataire fût-il l'un d'eux ; il affranchissait seulement des droits la part du communiste adjudicataire. Plus tard, cette jurisprudence se modifia à mesure que le temps enleva à la résistance son ardeur primitive, et que les principes sur lesquels elle s'appuyait perdirent de leur autorité. Dès 1807, on appliqua l'art. 80 à l'indivision qui résulte de la communauté conjugale, et à la licitation des biens communs entre la veuve et les héritiers du mari; on reconnut qu'il y avait dans ce cas un véritable partage, la femme n'étant pas étrangère dans les biens de la communauté : *judicatum,* 11 *januar.* 1607, *non deberi laudimia in licitationibus ædium factis inter cohæredes et viduam* [2]. Un arrêt du 29 mai 1615 admit à l'exemption des droits la licitation entre colégataires indivis. En 1619, on jugea de même en faveur des asso-

1. AUZANNET, *sur Paris*, art. 80.
2. MORNAC, *ad leg.*, 52, § pen., *D. fam. ercisc.*

ciés. Au XVIIIe siècle, la doctrine et la jurisprudence admettent sans hésiter que l'effet déclaratif s'applique à tous les partages. Pothier pose ce principe comme non contesté: « Pareillement lorsque plusieurs personnes ont été conjointement légataires d'un héritage ou lorsqu'elles l'ont acheté en commun, et que par la suite elles le partagent, chacun est censé être seul légataire ou seul acheteur de ce qui est tombé dans son lot et n'avoir été légataire ni acheteur de ce qui est tombé dans les autres lots[1] ».

Sur le troisième point, on s'égara longtemps dans des discussions qui ne touchaient en rien à la nature de la licitation ; mais on finit par décider que l'art. 80 de la *Coutume de Paris* était applicable aux licitations faites devant notaire aussi bien qu'aux licitations faites en justice.

Nous avons vu la *Coutume de Paris* attribuer à la licitation les effets translatifs d'une vente, lorsque l'adjudicataire était un étranger. Que fallait-il décider dans le cas où un étranger, acquéreur à prix d'argent de la portion de l'un des copropriétaires par indivis, se faisait adjuger sur licitation la totalité de l'objet commun? L'ancienne jurisprudence exigeait dans ce cas les droits de lods et ventes. « Autrement, dit Brodeau, il serait facile de frustrer le seigneur, parce que celui qui désire acquérir une maison de grand prix n'aurait qu'à acquérir par vente ou échange la portion d'un des cohéritiers, et par après faire liciter avec eux la totalité dont il se rendrait adjudicataire. » Ainsi l'étranger, devenu communiste,

1. Pothier, *Vente*, n° 630.

puis adjudicataire, devait acquitter les droits, tant de la première acquisition que de la licitation pour les portions des cohéritiers.

Suivant Duplessis[1], on jugeait, sous la *Coutume de Paris*, que dans l'hypothèse où un tiers avait acheté la part d'un cohéritier, les droits de lods et ventes étaient dus, alors même que c'était un des cohéritiers qui se portait adjudicataire. Mais les annotateurs de Duplessis s'attachent à montrer les résultats fâcheux d'un pareil système, qui eût permis à un communiste de priver ses associés de l'affranchissement fiscal du partage. Il lui eût suffi, pour atteindre ce but, de vendre sa part à un tiers. Ils citent plusieurs auteurs, qui partagent leur opinion, et ils ajoutent que le système contraire est abandonné au Palais.

La plupart des *Coutumes* adoptèrent les dispositions de la *Coutume de Paris* en matière de licitation; la jurisprudence les appliqua même sous l'empire des *Coutumes*, qui n'avaient point reproduit l'art. 80. La décision de l'art. 80, dit Ferrière, a été trouvée si juste, qu'elle a été étendue aux autres *Coutumes*, qui n'en parlent point, par deux arrêts, l'un du mois de juillet 1586, l'autre du mois de mars 1587, rendus dans les *Coutumes d'Amiens et de Chartres*[2].

Dès le XVIe siècle, la licitation était affranchie, ainsi que le partage pur et simple, de tous droits féodaux. L'assimilation du partage et de la licitation, une fois admise dans la législation fiscale, ne pouvait manquer

1. MERLIN, v° *Licitation*, § 4, n° 11.

2. FERRIÈRE, *Compil.*, t. I, p. 1229, n° 19.

de s'introduire également dans la législation civile. Toutefois, cette admission n'eut lieu qu'après de longues résistances, et il est incontestable qu'en appliquant à la licitation l'effet déclaratif, l'ancienne jurisprudence a fait prévaloir sur la vérité du fait la grande faveur que méritent les actes de partage, et les considérations d'utilité pratique et d'équité, qui justifient la règle de l'effet déclaratif. Une des questions qui demeurèrent le plus longtemps indécises fut celle de savoir si la licitation d'un immeuble de succession faisait un propre pour le tout dans la personne de l'héritier adjudicataire, ou seulement pour la partie qui lui appartenait pendant l'indivision. Lebrun soutint que la licitation devait faire des propres pour le tout ; il invoquait à l'appui de son opinion des arguments décisifs : la licitation ne fait avec le partage qu'une même affaire et un même contrat ; elle n'est qu'un accessoire et une dépendance du partage, et les cohéritiers, en licitant, n'ont évidemment l'intention que de partager[1]. Les nouveaux principes, proclamés au XVIII^e^ siècle par le fisc royal, entravèrent pendant quelque temps l'application de l'effet déclaratif à la licitation ; mais Pothier n'hésita pas à assimiler dans le droit civil la licitation au partage. Sa doctrine peut se résumer ainsi : la licitation, bien qu'elle ait l'apparence d'une vente, n'est autre chose qu'un acte dissolutif de communauté ; elle tient lieu de partage ; la part de chacun, indéterminée d'abord, se détermine par la licitation aussi bien que par le partage ; de sorte que chacun est censé n'avoir

1. LEBRUN, *Traité des successions*, liv. IV, ch. 1, n° 35.

jamais été saisi d'autre chose. Il suit de là que les licitations ne donnent pas ouverture aux retraits, et que l'adjudicataire n'est pas tenu des hypothèques des créanciers particuliers de ses colicitants.

L'affranchissement fiscal de la licitation, après avoir été admis par le plus grand nombre des *Coutumes*, devait disparaître au XVIIIe siècle, sous l'empire de la législation du centième denier : l'art. 6 de la déclaration du 20 mars 1708 soumit les licitations au payement de l'impôt; on exceptait toutefois la portion appartenant déjà au communiste adjudicataire « parce qu'il ne se fait de mutation à son égard que du surplus[1] ». Le fisc royal ne trouvait plus dans les jurisconsultes ces adversaires obstinés qui n'avaient cessé de battre en brèche les droits féodaux. Aujourd'hui encore, la loi du 22 frimaire an VII soumet au droit proportionnel les parts et portions de biens indivis acquises par licitation. C'est ainsi que la théorie de l'effet déclaratif a conservé moins d'étendue dans les matières fiscales où elle avait pris naissance que dans la législation civile où elle a eu tant de peine à s'introduire.

### § III. — *Du partage avec soulte.*

Le partage avec soulte a subi les mêmes vicissitudes que la licitation avec laquelle il présente une frappante analogie. Au XVIe siècle, on payait encore les droits seigneuriaux au cas de soulte ou de retour de lots. Qu'est-ce, en effet, que la soulte, sinon le prix au moyen du-

1. BOSQUET, *Dictionnaire raisonné des domaines*, v° *Licitation.*

quel l'un des cohéritiers paye de ses propres deniers la portion qui dans son lot excède sa part héréditaire ? Cet excédant, ne l'obtient-il pas à titre d'acheteur ? Le partage avec soulte est une véritable licitation faite à l'amiable. Mais on fit remarquer que la soulte est, comme la licitation, un moyen nécessaire dans les diverses combinaisons du partage ; les seigneurs perdirent vers le milieu du XVI$^{e}$ siècle leurs droits sur les soultes, et la législation civile ne tarda pas à établir une complète assimilation entre le partage avec soulte et le partage ordinaire, en décidant que l'un et l'autre sont également déclaratifs[1]. Un édit de décembre 1703 assujettit le partage avec soulte au droit de centième denier ; depuis lors les soultes n'ont pas cessé d'être considérées comme le prix d'une mutation, et de nos jours, elles donnent lieu à la perception du droit proportionnel, en vertu de la loi du 22 frimaire an VII.

### § IV. — *Des actes équipollents à partage.*

Nous n'avons parlé jusqu'ici que du partage proprement dit, de la licitation et du partage avec soulte : il est possible qu'au lieu de recourir à l'un de ces trois actes, les parties fassent cesser l'indivision au moyen d'une opération qu'elles qualifient de vente, d'échange, de transaction, etc. Quel principe notre ancien droit appliquait-il dans cette hypothèse ? Dumoulin refusait à de pareils actes l'exemption des droits : « Si, pour sortir d'indivision, disait-il, vous procédez non

1. *Voir* LEBRUN, liv. IV, ch. 1, n° 35 ; POTHIER, *De la vente*, n° 630, et *Traité des fiefs*, part. I, ch. 2, art. 18.

pas au moyen d'un partage, mais au moyen d'une vente, d'un échange, d'une donation, il n'y a partage *nec respectu materiæ, nec respectu formæ, nec respectu intentionis*; il y a un autre contrat, dont il faut rechercher la nature, pour décider quel droit est dû dans l'espèce[1] ». Le grand jurisconsulte était ici dans l'erreur ; d'Argentré soutint, avec raison, qu'il fallait s'attacher moins à la forme de l'acte qu'à l'intention des parties : *si verborum sonus venditionem loquitur, spectandum potius quid agitur*[2]. L'opinion de d'Argentré fut adoptée par Ferrière et Guyot, et consacrée par la jurisprudence du parlement de Paris. Enfin, Pothier s'exprime ainsi au chapitre V de son *Traité des fiefs* : « Cela a passé en maxime, que tout acte entre cohéritiers ou copropriétaires, dont l'objet est de dissoudre la communauté qui est entre eux, tient lieu de partage, sous quelque dénomination qu'il soit conçu, et est exempt de profit ».

## § V. — *Des actes préparatoires à partage.*

On appelle ainsi les actes qui ne font cesser l'indivision qu'à l'égard de quelques-uns des copropriétaires ; ils ont pour objet de débarrasser le partage des incidents qui pourraient entraver sa conclusion définitive. Ces opérations préliminaires ont avec le partage principal une affinité trop étroite et des rapports trop nécessaires, pour qu'il soit possible de les en séparer, et de les soumettre à des règles différentes ; aussi l'an-

1. *Traité des fiefs*, § 33, Glos. 1, 71.
2. D'Argentré, *de laudimiis*.

cienne jurisprudence n'avait-elle pas hésité à les soustraire aux droits féodaux, et à leur appliquer l'effet déclaratif. « Un premier principe, dit Guyot dans son *Traité sur les licitations*, est que le premier acte que passent les cohéritiers entre eux avant partage, quelques termes de vente, cession, transport, qu'on y emploie, est exempt de droits; le partage est leur premier vœu, leur but principal, et le premier acte qu'ils passent a toujours cet objet. Or le partage entraîne plusieurs opérations ; il est permis aux héritiers de l'élaguer par des actes préparatoires, qui sont des espèces de licitations, des espèces de partages préliminaires, qui réduisent le partage principal à sa simplicité, qui le rendent stable, solide et sans remords [1] ».

Telle est l'histoire abrégée de l'origine et des progrès de la règle de l'effet déclaratif : elle a pris naissance dans le droit fiscal, puis elle a passé dans la législation civile, où elle a obtenu plus d'empire que dans sa patrie d'origine ; appliquée d'abord au partage pur et simple d'une succession, elle s'est étendue successivement à la licitation, au partage avec soulte, à tout acte faisant cesser l'indivision, quelle que fût la source de cette indivision, et quand arriva la révolution de 1789, toutes les grandes questions qui s'agitent encore aujourd'hui avaient été prévues et discutées dans l'ancien droit. C'est là que nous irons chercher des renseignements précieux pour la solution des difficultés qui naissent de l'insuffisance et de l'obscurité de la loi moderne, et que nous trouverons parfois l'explication la plus sûre de l'art. 883 lui-même.

1. Chap. 3, sect. 3, § 1.

# DROIT ACTUEL.

## CHAPITRE PREMIER.

### CONSIDÉRATIONS GÉNÉRALES SUR LA PORTÉE DE L'ARTICLE 883.

A Rome, le partage était attributif de propriété : il en résultait que chacun des copartageants était l'ayant-cause de l'autre, et recevait les biens compris dans son lot affecté des hypothèques ou autres droits réels qui avaient pu s'y asseoir du chef des autres communistes pendant l'indivision. Dans notre droit, une règle contraire a prévalu : le partage, en vertu de l'art. 883, rétroagit jusqu'au jour de l'ouverture de la succession ; il est déclaratif, ou, comme disait Pothier, purement déterminatif et démonstratif de la part de chacun des copartageants. D'où cette conséquence, que chacun reçoit les biens qui lui sont échus exempts des hypothèques ou autres droits réels dont ils avaient pu être grevés pendant l'indivision du chef des autres copropriétaires.

La règle de l'effet déclaratif établie par l'art. 883 en vue du partage d'une succession doit s'appliquer aussi au partage de toute universalité, quelle qu'ait été la source de l'indivision, et même au partage des choses singulières et individuellement déterminées. Loysel disait : « de partage, licitation et adjudication entre cohéritiers ou comparsonniers, ne sont dûs lods et ventes ». Notre Code ne s'est point départi de l'ancienne doctrine : on en trouve la preuve dans les art. 1476 et 1872 qui donnent, le premier au partage d'une communauté entre époux, le second au partage entre associés, les mêmes effets qu'au partage des successions. Il n'y avait aucun motif de refuser à un partage quelconque le caractère et les effets que l'on croyait devoir attribuer au partage d'une succession.

Il importe de bien déterminer d'abord le sens et l'étendue d'application de l'art. 883. En effet, suivant qu'on voit dans la nouvelle maxime une vérité relative ou une vérité absolue, on doit donner des solutions différentes aux nombreuses et importantes questions qui se présenteront dans le cours de cette étude. Demander quelle est la portée de l'art. 883, c'est demander à la fois à quelles personnes, à quels actes, à quelles choses il s'applique, et quels en sont les effets. C'est donc une question qui touche à tous les points de notre thèse, et qui comprend d'une manière générale tout ce que nous avons à dire.

Deux systèmes sont en présence : le premier considère la disposition de l'art. 883 comme une fiction qui doit être restreinte le plus possible ; il est ainsi résumé par MM. Aubry et Rau. « Quoique l'art. 883 soit conçu en termes généraux, le caractère déclaratif, ou plutôt l'effet rétroactif qu'il attache au partage ne doit cependant pas être considéré comme absolu. En dehors du point de vue fiscal, et en pur droit civil, cet article a pour unique objet de régler les effets que le partage est appelé à produire entre les ayants-cause de chaque cohéritier d'une part et les autres cohéritiers ou leurs ayants-cause d'autre part ». Limiter les droits réels constitués pendant l'indivision par l'un des copartageants aux seuls biens qui forment son lot, faciliter la cessation complète de l'indivision en prévenant les recours auxquels donnait lieu l'application du système romain, tel est l'unique but que s'est proposé l'art. 883. La fiction créée par cet article a donc produit tout son effet juridique, a réalisé la pensée du législateur, quand elle a mis à couvert les intérêts des communistes. Aller au delà, ce serait dépasser le vœu de la loi. Le système déclaratif ne régit que les rapports des cohéritiers entre eux ou avec leurs ayants-cause ; vis-à-vis de toutes autres personnes, le partage ne cesse pas d'être réellement une aliénation, la vérité reprend son empire.

Sur quelles bases repose cette première théorie ? M. Duquaire, qui s'en est fait l'un des plus ardents défenseurs, invoque à la fois l'histoire, les termes et l'esprit de la loi, la jurisprudence [1]. En recherchant dans nos anciens auteurs les raisons qui portèrent à étendre au droit civil le principe du droit féodal que le partage est simplement déclaratif, on arrive à se convaincre que cette extension n'eut d'autre motif que le désir d'éviter les inconvénients du système romain, les recours entre héritiers, les involutions de procédure, les frais, la discorde jetée dans les familles. Les rédacteurs du Code

1. Duquaire, *Revue de législ.*, 1853, p. 806.

ont-ils voulu donner à la règle posée dans l'art. 883 une portée tellement étendue qu'elle devînt applicable à des matières qui ne concerneraient plus les intérêts respectifs des cohéritiers comme tels, et de leurs ayants-cause? On ne trouve dans les travaux préparatoires du Code aucune trace d'une pareille intention. Nous ne devons donc appliquer l'art. 883 qu'autant qu'il s'agit de droits réels consentis pendant l'indivision et pouvant entraver les opérations du partage.

L'art. 883 ne contient d'ailleurs qu'une maxime contraire à la réalité des faits, qu'une fiction, comme le prouve le mot « censé » qu'ont dû employer les rédacteurs de la loi, tant ils sentaient combien ils s'écartaient ici de la vérité; or, il est de principe en droit que les fictions doivent être interprétées de la façon la plus étroite. Le législateur n'a point entendu dépouiller complétement le partage de son vrai caractère ; si dans l'art. 883 il fait un instant violence à la nature des choses parce qu'il s'agit de faire tomber les droits dont l'existence mettrait obstacle à la cessation de la communauté, il s'empresse, dans l'art. 884, de reconnaître que le partage est un échange et contient une translation réciproque de droits indivis. Comment expliquer autrement l'obligation de garantie qu'il impose aux copartageants ? Pourquoi les forcerait-il à répondre des évictions provenant d'une cause antérieure au partage s'il n'y avait pas échange, si chacun des copartageants avait toujours été propriétaire exclusif des objets compris dans son lot, et n'avait jamais eu aucun droit sur les autres ?

La place même qu'occupe l'art. 883 sous la rubrique

des effets du partage prouve, suivant M. Duquaire, que le législateur avait exclusivement en vue les effets que cet acte doit produire entre chaque cohéritier d'une part, et les ayants-cause respectifs des autres cohéritiers d'autre part. « Dans ce titre, dit-il, le législateur s'occupe du règlement de certains intérêts qui naissent et sont mis en mouvement par suite de l'ouverture d'une succession. Il s'agit de la conservation de la famille, de sa tranquillité, de la fixation et de la garantie de chacun de ses membres. De l'intérêt des tiers, des droits des créanciers hypothécaires, ce n'est pas le lieu d'en prendre souci ; on s'en occupera autre part. »

Il n'est pas jusqu'au mot « seul » de l'art. 883, dont M. Duquaire n'ait essayé de tirer argument. Le mot « seul » trahit la pensée du législateur : il s'agit uniquement de déterminer la situation respective des cohéritiers entre eux. Celui qui est resté loti ou adjudicataire est censé avoir succédé seul, non pas à l'égard de toute personne (car il n'est ici question que de ceux qui ont co-succédé, et les étrangers ne sont pas de ce nombre) ; mais à l'égard de ses cohéritiers. L'article ajoute : « à tous les effets compris dans son lot » : cela signifie que l'effet, la chose auxquels a succédé le cohéritier sont francs et quittes de toute charge. Là se borne la pensée de la loi.

M. Dutruc apporte à l'appui de la même doctrine un dernier argument : Si le législateur a exigé l'intervention de la justice en cas de partage de biens de mineurs et d'interdits, s'il a refusé au mari le droit de provoquer, sans le concours de sa femme, le partage des objets qui ne tombent pas en communauté, c'est qu'il a vu dans cette opération une véritable aliénation.

Un second système voit dans l'art. 883 une règle absolue, qui produit son effet à l'égard de tous, qui s'applique en toute matière, et rayonne, en quelque sorte, dans toute l'étendue du droit civil ; il n'a point de peine à réfuter les arguments que nous venons de passer en revue. Il est certain, par exemple, que la place occupée par l'art. 883 n'a aucune signification, et ne peut être invoquée par un système plutôt que par l'autre. Quelle que soit la portée de la règle nouvelle, l'article qui la consacre ne trouvait-il pas sa place naturelle dans la section qui traite des effets du partage? Quant aux termes de l'art. 883, on a beau chercher à en dénaturer le sens, ils sont d'une généralité tout à fait favorable au système que nous défendons ; la règle de l'effet déclaratif y est formulée de la façon la plus large et la plus absolue. Mais, dit-on, le mot « censé » prouve que la loi n'a voulu consacrer ici qu'une simple fiction. Je répondrai d'abord que l'art. 883 est la reproduction presque littérale d'un passage de Pothier, qui, certes, considérait l'effet déclaratif du partage comme un principe général, et non comme une fiction devant être restreinte à telle ou telle hypothèse. La forme de rédaction de notre article n'est qu'un legs des habitudes de langage de nos anciens jurisconsultes entraînés eux-mêmes par les habitudes des jurisconsultes romains.

Plusieurs auteurs ne voient dans la disposition de l'art. 883 rien d'exceptionnel ni de fictif. Les héritiers n'acquièrent la succession qu'à la charge de partager, et le résultat du partage à intervenir constituant un événement futur et incertain, chacun d'eux reçoit réellement du défunt une propriété exclusive ou divise, mais conditionnelle. Le partage rentre donc dans la théorie générale de la conditionnalité. Nous avons vu cette doctrine enseignée par Louet; elle a pour elle dans notre droit moderne l'autorité de MM. Demolombe et de Valroger. « Chacun des héritiers, dit M. de Valroger[1], a sur chaque objet héréditaire un droit au tout ou y est absolument étranger, suivant le résultat du partage à intervenir. Un bien tombe à mon lot. C'est la condition suspensive sous laquelle j'étais propriétaire de chaque objet héréditaire, qui s'accomplit pour ce bien. Cet autre objet échoit à votre lot. Par l'effet de la condition résolutoire qui correspond toujours à la condition suspensive, le droit que je paraissais y avoir ne doit-il pas s'effacer? Pourquoi donc appeler la maxime française une fiction, comme on le fait communément? Il y a fiction, si la rétroactivité attachée aux conditions en est une; mais cette rétroactivité n'est-elle pas plutôt une vérité? Le droit sans doute n'apparaît pas jusqu'au moment qui le fera éclater; mais, en dépit du fait actuel qui apparaît seul dans l'ordre matériel, la conscience proclame à l'avance le droit qui n'en existe pas moins dès maintenant, quoiqu'il ne doive être révélé que dans l'avenir. » Cette doctrine explique rationnellement comment il n'y a dans notre partage ni aliénation, ni acquisition de propriété, et comment chaque héritier tient du défunt la propriété pleine et exclusive des

1. *Revue de droit français et étranger*, t. VII, p. 108 et suiv.

objets compris dans son lot. Du reste, que l'art. 883 contienne une fiction ou une vérité, peu importe. La question est dans les deux cas la même : il s'agit de savoir quelle en est l'étendue, quelles en sont les limites. Le législateur ne peut-il pas donner à une fiction devenue vérité légale, autant de force et d'empire qu'au principe le plus conforme à la réalité des choses?

Mais c'est à l'histoire que nous allons demander la réfutation la plus sûre du système que nous combattons. Est-il vrai que nos anciens auteurs aient entendu la règle de l'effet déclaratif d'une manière restrictive, et qu'ils l'aient admise uniquement en vue de délivrer le partage des entraves que suscitait la théorie romaine? Nous savons à quelles circonstances cette règle doit son origine : à l'époque féodale, le partage était affranchi des droits de mutation; les praticiens en conclurent d'une manière générale et absolue que ce n'était pas une aliénation. Cette nouvelle doctrine pénétra bientôt par la force même des choses dans le domaine du droit civil; il s'ensuivit que les hypothèques consenties pendant l'indivision par l'un des héritiers furent annulées, lorsque l'immeuble grevé ne tombait pas dans son lot. Mais une fois ce résultat produit, les praticiens rendaient-ils au partage le caractère translatif qu'il avait en droit romain? Non, à leurs yeux, le partage n'opérait aucune transmission de propriété; c'était un acte purement déclaratif. A la théorie romaine, on substituait une théorie contraire, mais non moins absolue; le partage n'était pas un acte à double face, déclaratif pour quelques-uns seulement, translatif pour les autres, il conservait, à l'égard de tous, le même caractère. Demandons à Pothier, le jurisconsulte le plus consciencieux et le plus éclairé du XVIIIe siècle, quelle était à cette époque la portée de la règle de l'effet déclaratif. Il nous répondra : « Le partage n'est pas considéré comme un titre d'acquisition, par lequel chaque cohéritier acquiert de ses cohéritiers les portions indivises qu'ils avaient avant le partage dans les effets qui lui sont assignés pour son lot, etc.[1]. » Dans un autre passage, il dit encore : « Selon les principes de notre droit français, très-opposés à ceux du droit romain, les partages n'ont aucun rapport avec le contrat d'échange : ce ne sont pas des actes par lesquels les copartageants acquièrent ni soient censés acquérir rien les uns des autres. Un partage, suivant nos principes, n'est autre chose qu'un acte qui détermine la part indéterminée qu'avait avant le partage chaque cohéritier dans la masse qui a été partagée, aux seules choses qui tombent dans son lot[2]. » Et plus loin : « Il est évident, suivant ces principes, que le partage est un acte qui n'a aucun rapport avec le contrat de vente, soit qu'il soit fait sans retour, soit avec retour en deniers ; car, suivant ces principes, le partage n'est point un titre d'acquisition ; je n'acquiers proprement rien par le partage que je fais avec mes cohéritiers ou autres copropriétaires, et tout l'effet du partage se réduit à rendre déterminé à de certaines choses le droit que j'avais, qui était auparavant indéterminé. » C'est encore à Pothier que nous aurons recours, pour réfuter l'objection que le premier

1. *Des successions*, ch. 4, art. 5, § 1er.
2. *Vente*, VIIe partie, art. 6.

système tire de la garantie en matière de partage : « Les copartageants contractent par le partage l'obligation de se garantir réciproquement les choses qui tombent dans leurs lots respectifs ; mais cette obligation est différente de celle qu'un vendeur contracte avec l'acheteur ou tout autre cédant envers le cessionnaire », et après avoir exposé quelle différence existe entre ces deux garanties, il ajoute : « La raison de différence est que mes cohéritiers ou autres copartageants ne peuvent être considérés comme mes cédants par rapport à la chose dont je souffre éviction, puisque, suivant nos principes, les copartageants par les partages ne se cèdent rien, et ne tiennent rien les uns des autres. La seule raison sur laquelle est fondée la garantie des copartageants, est que l'égalité qui doit régner dans les partages se trouvant blessée par l'éviction que souffre l'un des copartageants dans quelques-unes des choses tombées dans son lot, la loi qui exige cette égalité oblige chacun des copartageants à la rétablir. Or, il suffit pour cela qu'ils lui fassent raison, chacun pour leur part, de la somme pour laquelle la chose évincée lui a été donnée en partage. » Ces diverses citations, dont on nous pardonnera la longueur, en raison des conséquences importantes qui en découlent, ne démontrent-elles pas jusqu'à l'évidence que l'effet déclaratif était dans notre ancien droit un principe absolu ? Pothier le présente comme une vérité certaine, et à l'abri de toute controverse dans maint endroit de ses œuvres ; il s'agit maintenant de savoir si le législateur moderne a entendu s'écarter du savant jurisconsulte dont il aime à suivre les doctrines. Or, l'histoire de la rédaction des art. 883

et suivants prouve qu'il a mis un soin scrupuleux à reproduire à peu près dans les mêmes termes les formules de notre ancien droit, et que, loin de vouloir innover en ces matières, il est resté attaché aux traditions du passé. Ainsi l'art. 883 est la copie presque littérale de ce passage de Pothier : Chaque héritier est censé avoir succédé seul immédiatement à tous les effets compris dans son lot, et n'avoir succédé à aucun de ceux compris dans le lot de ses cohéritiers. » Est-il possible que les rédacteurs du Code aient conservé dans nos lois la formule de Pothier, en lui donnant une autre signification ? Auraient-ils tout à la fois reproduit la lettre et modifié la pensée? Mais, s'il en était ainsi, ne trouverait-on pas dans les travaux préparatoires des traces de cet esprit d'innovation ? Or, rien ne nous autorise à penser que le législateur ait eu l'intention de donner à la théorie du partage une organisation nouvelle; au contraire, le rapport fait au Tribunat par Chabot est la confirmation des idées de Pothier : « Le partage, dit-il, a pour objet de faire cesser l'indivision, et d'attribuer à chaque cohéritier la portion à laquelle il a droit sur la masse commune. Il n'est question dans un partage que de distribuer à chacun la juste valeur de ce qui lui appartient et de ce qu'il possédait auparavant par indivis. Ce n'est pas une affaire de négoce ni de commerce : il n'y a, de part ni d'autre, ni vente ni échange. Tout consiste à régler divisément la portion dont chacun était déjà propriétaire dans la masse indivise. »

Tout indique donc que les principes de l'ancien droit sur le partage sont passés sans altération dans le Code

Napoléon. Vainement dira-t-on que les rédacteurs modernes, en obligeant des héritiers à la garantie, ont reconnu virtuellement dans le partage une aliénation réciproque, un échange. Nous savons que Pothier fonde cette obligation sur l'égalité, qui est la condition essentielle de tout partage; et dans notre droit civil elle n'a pas d'autre base : « C'est encore un des effets de l'égalité qui doit régner dans les partages, disait M. Chabot au Tribunat, que tous les cohéritiers soient respectivement garants des troubles et évictions qu'ils peuvent mutuellement éprouver ».

Pour répondre à l'objection tirée par M. Dutruc des formalités que le Code exige pour les partages des mineurs, des interdits et de la femme mariée, nous ferons simplement remarquer que le législateur, sans voir dans le partage une aliénation, l'a cependant regardé comme un acte difficile et très-important, et que cette seule considération suffit à justifier les garanties dont il s'est plu à l'entourer dans l'intérêt des incapables qui y sont appelés.

Quant à la jurisprudence, elle peut être invoquée par les deux systèmes; d'anciens arrêts demandent la restriction du principe : « Considérant, porte un arrêt du 6 novembre 1832, que la disposition de l'art. 883 doit être restreinte dans les plus strictes limites ». Un arrêt du 27 mai 1835, plus longuement développé, établit que toute dérogation au droit général, toute fiction doit être strictement restreinte au cas spécial pour lequel elle a été littéralement consacrée; qu'il ne peut jamais être permis d'étendre une fiction, une dérogation, par analogie, d'un cas à un autre; que le sens exclusif et restreint de la fiction admise par l'art. 883 est confirmé par les art. 884 et 885. — Des arrêts du 13 août 1838, du 3 décembre 1839 contiennent des motifs analogues. Nous ne les citerons pas, pour éviter des redites inutiles ; ils argumentent tous de ce que la règle de l'article 883 est une fiction, pour la renfermer dans les plus étroites limites. — A ces décisions, nous en opposerons de plus récentes, qui consacrent notre système en appliquant largement l'effet déclaratif; c'est d'abord un arrêt de cassation du 2 décembre 1845, puis un autre du 29 août 1853, où l'on trouve ce considérant : « C'est d'une manière générale et absolue que l'art. 883 déclare que chaque cohéritier est censé avoir succédé seul et immédiatement à tous les effets compris dans son lot et n'avoir jamais eu la propriété des autres effets de la succession ».

Telle est la doctrine que nous adoptons; à notre avis, la règle de l'effet déclaratif est autre chose qu'une fiction destinée à régir seulement les rapports des cohéritiers entre eux ou avec leurs ayants-cause ; c'est dans nos lois civiles, comme dans le dernier état de notre ancien droit, un principe absolu. Il importait de rechercher quel est l'esprit de l'art. 883, afin de déterminer la sphère d'action de la règle qu'il pose. Toutefois, il serait téméraire d'affirmer que les rédacteurs du Code se sont beaucoup préoccupés de l'influence de cette règle sur les diverses matières du droit civil et sur les divers ordres d'intérêts qui peuvent se trouver engagés dans un partage. Aussi, tout en admettant la généralité de la maxime nouvelle, croyons-nous nécessaire de la combiner avec les textes et les principes de chaque autre matière de droit. Nous la laisserons de côté toutes les fois qu'un texte nous paraîtra y déroger d'une manière expresse ou tacite ; mais nous n'hésiterons pas à l'appliquer à toute hypothèse que la loi n'aura pas pris soin de soustraire à son empire.

## CHAPITRE II.

### A QUELS ACTES S'APPLIQUE LA RÈGLE DE L'ART. 883.

L'art. 883 ne parle que du partage pur et simple et de la licitation ; mais il existe un grand nombre d'opérations analogues auxquelles il est juste d'étendre la règle de l'effet déclaratif. Nous allons donc passer en revue les diverses sortes d'actes qui tombent sous l'application de notre maxime.

#### § Ier. — *Du partage pur et simple.*

Le partage pur et simple est déclaratif de propriété ; l'art. 883 le dit expressément : « Chaque cohéritier est censé avoir succédé seul et immédiatement à tous les effets compris dans son lot, et n'avoir jamais eu la propriété des autres effets de la succession ». Deux héritiers sont appelés à recueillir une succession dont l'actif se compose du fonds A et du fonds B. Par suite du partage, Primus reçoit le fonds A et Secundus le fonds B. En vertu de l'art. 883, Primus a toujours été propriétaire du fonds A et n'a jamais eu aucun droit sur le fonds B ; réciproquement, le fonds B a toujours appartenu à Secundus, qui n'a jamais eu aucun droit de propriété sur le fonds A. Mais, pour que cet effet soit produit, il est nécessaire qu'il y ait partage, c'est-à-dire un acte qui mette fin à l'indivision. Tout acte qui n'a pas pour résultat de faire cesser une indivision n'est point un partage, quel que soit le nom que les parties conviennent de lui donner, et dès lors il rentre dans la classe des actes translatifs de propriété. Ainsi des héritiers ont partagé la succession qui leur était échue ; puis, mécontents de la composition des lots, ils s'entendent pour la modifier. Cette seconde opération constitue-t-elle un partage ? Non, parce qu'elle intervient à une époque où l'indivision a cessé d'exister. Mais il n'en serait pas de même si le premier partage n'avait pas été entièrement terminé. Supposons que, parmi les héritiers, les uns viennent à la succession de leur chef, les autres par représentation; après qu'on a partagé par souches, la part attribuée à chaque souche est divisée par têtes. Il y a là, sans doute, plusieurs opérations distinctes, mais elles se rattachent à un seul et même acte ; aussi doivent-elles tomber sous l'application de l'art. 883.

Nous pouvons poser en principe que tout partage suppose une indivision : il y a indivision lorsque plusieurs personnes ont sur un même objet et sur toutes les parcelles de cet objet des droits de même nature et qui se limitent réciproquement par leur concours. L'acte qui met fin à cet état de choses produit un effet déclaratif, quelle que soit d'ailleurs la composition des lots; il n'y a point à distinguer, dans le partage d'une succession, par exemple, si les meubles et les immeubles sont répartis avec une égalité proportionnelle, ou si l'un des héritiers reçoit plus de meubles que l'autre. Lorsque deux copropriétaires, pour faire cesser l'indivision, conviennent de prendre, l'un l'usufruit, l'autre la nue-propriété de la chose commune, ils font un véritable partage, qui a un effet purement déclaratif en matière fiscale aussi bien qu'en matière civile. Remarquons que plusieurs personnes peuvent avoir des droits sur une même chose sans être dans l'indivision : l'usufruitier et le nu-propriétaire ont sans doute des droits sur le même objet, mais comme ces droits sont parfaitement distincts et indépendants, il n'y a pas là de communauté.

Ici se présente une des questions les plus importantes en même temps que les plus controversées de notre sujet : les créances divisibles, qui font partie de l'actif héréditaire, sont-elles soumises à la règle de l'effet déclaratif ? Un premier système enseigne que l'art. 883 est tout à fait inapplicable à ces créances. Il se fonde sur l'art. 1220, qui porte « que les héritiers ne peuvent demander la dette ou ne sont tenus de la payer que pour les parts dont ils sont saisis ou dont ils sont tenus comme représentant le créancier ou le débiteur ». Les créances héréditaires, dit-on, se divisent de plein droit, du jour de l'ouverture de la succession, entre tous les héritiers en proportion de la part pour laquelle chacun d'eux est appelé à l'hérédité, elles ne restent pas un instant indivises ; le partage ne saurait donc s'y appliquer, ni, par conséquent, l'effet déclaratif du partage, autrement on aurait un effet sans cause. L'art. 832 permet sans doute de comprendre les créances héréditaires dans le partage et d'attribuer à un seul héritier une créance entière ; mais cet arrangement ne constitue pas un partage proprement dit, c'est une simple cession faite par les cohéritiers à l'un d'eux de leurs parts dans la créance. Cette cession est régie par les dispositions des art. 1689 et suivants ; elle n'a d'effet, à l'égard des tiers, que du jour où elle a été signifiée au débiteur ou acceptée par lui dans un acte authentique.

L'art. 832 n'est que la reproduction d'une règle d'équité empruntée au droit romain. A Rome, comme chez nous, les créances se divisaient entre les héritiers par la seule autorité de la loi : *inter cohæredes nomina ercta sunto,* disaient les Douze-Tables. Cela n'empêchait pas les créances de figurer ordinairement dans le partage, le juge pouvait en certaines circonstances difficiles arriver à l'égalité en attribuant une créance héréditaire en son entier à tel ou tel lot ; mais l'héritier auquel la créance était ainsi remise n'était qu'un *procurator in rem suam*, il jouait un rôle analogue à celui de notre cessionnaire. Les choses se passaient ainsi dans l'ancienne jurisprudence, et rien ne prouve que les rédacteurs du Code aient voulu innover en cette matière. L'art. 832 comprend nommément les créances parmi les biens, dont la répartition doit être faite entre les différents lots ; mais il ne s'explique point sur le caractère et les effets d'un pareil lotissement, et il n'est guère probable que le législateur se soit écarté de la doctrine romaine, qui était aussi celle de Pothier.

Le partage ne peut pas plus modifier au préjudice des tiers les effets de la division légale des créances, qu'il ne modifie ceux de la division légale des dettes. Les héritiers n'ont pas la faculté de faire entre eux un partage du passif héréditaire, de telle sorte qu'un d'eux soit seul tenu désormais vis-à-vis des créanciers d'une dette de la succession. En effet, l'art. 872, prévoyant l'hypothèse où l'un des héritiers serait chargé d'acquitter seul la rente que devait le défunt, nous dit qu'il sera tenu de garantir ses cohéritiers, ce qui prouve que ces derniers sont toujours soumis aux poursuites des créanciers, et que la convention qui met la dette à la charge d'un seul n'a d'effet qu'à l'égard des copartageants entre eux et non à l'égard des tiers. Or, si la division légale consacrée par l'art. 1220 est définitive quant aux dettes, elle doit l'être aussi quant aux créances. Posons une espèce, afin de rendre la discussion plus facile à saisir : le *de cujus* a laissé deux héritiers, Primus et Secundus, et entre autres biens une créance de 20,000 fr. En vertu de l'art. 1220, dès l'instant de l'ouverture de la succession, chacun des héritiers se trouve créancier de 10,000 fr. qu'il peut demander au débiteur. Aucun d'eux n'ayant usé de son droit, le partage intervient, et la créance entière est mise, ainsi que le permet l'art. 832, au lot de Primus. Primus est-il censé avoir toujours eu la propriété exclusive de cette créance? est-il censé la tenir tout entière du défunt? Non, car lorsque le partage a été opéré, il n'y avait pas indivision ; et par conséquent, cette condition essentielle faisant défaut, l'effet déclaratif n'a pas pu se produire. Primus est donc un véritable cessionnaire de la part de créance qui appartenait à Secundus, et pour en être saisi à l'égard des tiers, il devra obtenir du débiteur une acceptation authentique de la cession ; ou la lui faire notifier ; jusqu'à l'accomplissement de l'une ou de l'autre de ces formalités, la part de créance cédée reste dans le patrimoine du cédant, qui, à l'égard de toute autre personne que le cessionnaire, joue le rôle de créancier. De là plusieurs conséquences : 1° le payement fait par le débiteur entre les mains de Secundus est opposable à Primus ; 2° si le débiteur est, ou s'il devient même depuis le partage créancier de Secundus, la compensation qu'il pourrait opposer à celui-ci est également opposable à son ayant-cause, à Primus ; 3° la cession que Secundus fait à un tiers de la part qui lui appartient encore dans la créance est valable à l'égard de Primus, si le second cessionnaire accomplit avant lui l'une des formalités prescrites par l'art. 1690 ; 4° les créanciers personnels de Secundus peuvent frapper de saisie-arrêt sa portion de créance, tant que Primus ne s'est pas mis en règle.

Une seconde opinion en sens inverse soutient, au contraire, que l'art. 883 est applicable même dans notre hypothèse. L'art. 832 prouve que le partage peut et doit comprendre les créances aussi bien que les autres objets qui font partie de l'hérédité ; que, par conséquent, la division légale établie par l'art. 1220 n'a de valeur que jusqu'au partage et se trouve annulée par les résultats contraires de cette opération. D'autre part, si l'on rapproche l'art. 832 de la disposition contenue dans l'article 883, on acquiert la conviction que le principe de rétroactivité proclamé par ce dernier article, dont les termes généraux s'opposent à toute espèce de distinction, s'applique aussi bien aux créances qu'aux autres objets héréditaires. Les partisans de ce système en concluent logiquement que le débiteur ne peut opposer aucune cause de libération du chef des autres cohéritiers à celui d'entre eux à qui a été attribuée la totalité de la créance héréditaire. La Cour de cassation a fait application de cette doctrine dans deux hypothèses différentes. Un premier arrêt du 24 janvier 1837[1] décide que si une créance primitivement divisible a été comprise en entier au lot de l'un des cohéritiers, elle forme sa propriété *ab initio*, et que la saisie-arrêt qui en a été faite avant le partage par le créancier personnel d'un autre cohéritier ne peut plus produire aucun effet ; il se fonde sur ce que la règle consacrée par l'art. 883 est générale et s'applique sans distinction à tous les effets héréditaires. Un autre arrêt du 20 décembre 1848 a jugé que la main-levée des hypothèques consentie par un héritier pour la part qu'il avait dans une créance héréditaire, en vertu de l'art. 1220, est sans effet, si cette créance ne lui a pas été attribuée lors du partage ; l'héritier qui a obtenu la créance est censé l'avoir reçue de l'auteur commun, et par conséquent il n'y a pas eu d'intervalle pendant lequel les autres cohéritiers aient eu qualité pour consentir à la main-levée de l'hypothèque qui en fait la sûreté.

Suivant un troisième système, la division légale des créances héréditaires entre les divers héritiers n'empêche pas que le partage qui a pour résultat d'attribuer à l'un d'eux la totalité d'une créance ne soit régi par l'art. 883, et ne doive être considéré comme simplement déclaratif, sauf toutefois le maintien des droits irrévocablement acquis à des tiers dans l'intervalle du décès du *de cujus* à la confection du partage. En d'au-

1. *Dev.*, 1837, 1, 106.

tres termes, l'héritier au lot duquel est tombée la créance est censé la tenir immédiatement du défunt, et sous les restrictions que je viens d'indiquer, il est réputé en avoir été saisi même à l'égard des tiers à partir de l'ouverture de la succession, indépendamment de l'accomplissement de toute espèce de formalités. Des deux systèmes précédents, le premier sacrifie les art. 832 et 883 à l'art. 1220; le second, au contraire, fait de l'article 1220 une lettre morte, puisqu'il établit que la division légale consacrée par cet article est entièrement effacée par le partage conventionnel qu'il plaît aux parties de lui substituer. Quant à nous, nous pensons que la meilleure interprétation de la loi consiste à combiner ensemble les art. 832, 883 et 1220; la division légale de l'article 1220 est sans doute provisoire et s'évanouit devant le partage différent et définitif qu'opèrent les cohéritiers, mais le débiteur héréditaire n'en pourra pas moins se prévaloir contre l'effet déclaratif des causes de libération qui se sont produites antérieurement au partage.

L'art. 1220 a pour but de régler les rapports des cohéritiers avec les débiteurs de la succession, tant que le partage n'est pas accompli; il autorise chacun des héritiers à exiger jusqu'à concurrence de sa part héréditaire le payement des créances de la succession. De ce principe il faut tirer les conséquences suivantes: 1° le débiteur d'une créance héréditaire se libère valablement, lorsqu'il paye à l'un des héritiers la part dont celui-ci est saisi dans cette créance; 2° si l'un des débiteurs de la succession se trouve avant le partage créancier de l'un des héritiers, la compensation s'opère de plein droit, et jusqu'à due concurrence de la part héréditaire de celui-ci ; 3° si un cohéritier a cédé à un tiers sa part dans une créance, et que la cession soit signifiée au débiteur ou acceptée par lui avant le partage, l'article 833 ne sera opposable ni au cessionnaire ni au débiteur cédé ; 4° enfin si les créanciers personnels d'un héritier ont formé du chef de leur débiteur une saisie-arrêt, et qu'un jugement intervenu avant le partage ait ordonné au débiteur de la succession de verser entre leurs mains, l'effet déclaratif ne leur sera pas opposable. Il est bien évident que dans les quatre hypothèses précédentes l'efficacité de la cession dûment acceptée ou signifiée, du payement ou de la compensation et de la saisie-arrêt suivie d'un jugement de main-vidange est entièrement indépendante des résultats du partage ; car on ne saurait admettre que le législateur n'ait pas entendu maintenir contre la règle du partage déclaratif les droits qui ont été acquis sur la foi et sous la garantie de ses dispositions. Telle est la part d'application qui doit être faite à l'art. 1220 ; voyons maintenant celle qu'il convient de faire aux art. 832 et 883.

Les créances héréditaires sont certainement comprises dans la masse partageable; la preuve que, nonobstant l'art. 1220, le partage conventionnel doit porter sur les créances comme sur le reste de l'actif, c'est que l'art. 832 recommande de faire entrer autant que possible dans chaque lot la même quantité de meubles, d'immeubles, de droits et de créances. Or la règle de l'effet déclaratif s'applique à tous les objets de la succession qui ont été compris dans les lots ; les termes de l'art. 883 sont absolus et ne comportent aucune distinction. Supposons donc qu'une créance entière soit attribuée par le partage à l'un des héritiers, l'effet déclaratif se produira ; l'héritier sera censé avoir toujours été propriétaire de la totalité de la créance qui lui est échue, et, sans qu'il soit nécessaire de recourir aux formalités de l'art. 1690, le débiteur ne pourra lui opposer aucune cause de libération postérieure au partage. Vainement nous objectera-t-on que la division légale des créances est irrévocable comme celle des dettes, et qu'elle ne peut être modifiée à l'égard des tiers par la convention des héritiers. L'assimilation que l'on prétend établir entre les créances et les dettes héréditaires est tout à fait inexacte : si le législateur nous indique dans l'art. 872 qu'il entend maintenir la division légale des dettes contre tout partage conventionnel, nous ne trouvons nulle part en ce qui concerne les créances une disposition analogue à celle de l'art. 872 ; la loi ordonne au contraire, dans l'art. 832, que les créances soient comprises comme tous les autres biens héréditaires dans la masse partageable. Cette différence entre les créances et les dettes est facile à justifier : rien ne s'oppose en général à ce que l'on puisse substituer un créancier à un autre sans le consentement du débiteur, cette substitution ne lèse aucun droit; mais appliquer l'art. 883 au partage des dettes, ce serait mettre un débiteur à la place d'un autre sans le consentement du créancier, c'est-à-dire porter atteinte aux droits des créanciers de la succession, qui seraient exposés à se voir assignés, comme débiteurs, des héritiers complétement insolvables.

Les partisans du premier système que nous avons exposé voient dans la clause du partage qui attribue à l'un des héritiers la totalité d'une créance héréditaire une cession-transport, régie par les art. 1689 et suivants; suivant nous, cette attribution n'est qu'une opération ordinaire du partage, elle est purement déclarative, et produit son effet à l'égard de tous indépendamment de toute formalité. Le payement, la compensation, la cession, la saisie-arrêt, dont nous avons parlé, ne sont irrévocables dans notre système, qu'autant qu'ils sont antérieurs à l'époque du partage opéré entre les cohéritiers, tandis que dans le premier système, il suffit qu'ils se produisent avant l'accomplissement des formalités de l'art. 1690.

Nos adversaires invoquent contre nous des considérations d'équité, et nous reprochent de tendre un piége au débiteur. Avant le partage, nous disent-ils, le débiteur peut valablement payer aux divers héritiers la part à laquelle chacun d'eux a droit dans la créance héréditaire; mais voici que le partage intervient, et fait tomber la créance entière dans le lot d'un seul héritier, qui s'en trouve saisi de plein droit et indépendamment des formalités exigées en matière de cession de créances par l'art. 1690; or cet acte que le débiteur ignore va rendre nul tout payement fait par lui aux autres héritiers. A cette objection, nous pouvons opposer une réponse péremptoire, c'est que le débiteur sera libéré, s'il a payé de bonne foi dans l'ignorance du partage. En effet l'héritier qui poursuit un débiteur héréditaire en payement de sa part dans la créance n'est pas tenu de prouver qu'il n'a été fait aucun partage dérogeant à la division consacrée par la loi. Le débiteur qui ignore l'existence d'un partage de cette nature est donc obligé de payer aux divers héritiers la part pour laquelle chacun d'eux représente le défunt. Or l'art. 1240 nous permet de décider qu'il est valablement libéré; car nous trouvons réunies dans notre espèce les conditions exigées par l'art. 1240 pour la validité du payement fait à celui qui n'est pas créancier : la nécessité de payer entre les mains d'une personne qu'on a justement sujet de regarder comme le véritable créancier. En résumé la division légale établie par l'art. 1220 continue de produire son effet, en ce qui concerne la libération du débiteur, tant que celui-ci n'a pas obtenu connaissance des modifications que cette division a subies par suite du partage. Mais si nous supposons que des tiers ont acheté depuis le partage la part de l'un des héritiers dans une créance, qui avait été mise en entier dans le lot d'un autre, l'effet déclaratif leur sera opposable, quelle qu'ait été leur bonne foi; car ils ont acheté d'un non propriétaire; et comme leurs relations avec les héritiers n'étaient pas forcées, ils ne sont pas admis à jouir de l'exception que réclame la position particulière du débiteur.

M. Demante professe un système que nous croyons devoir rejeter à cause des distinctions arbitraires qu'il établit. D'après lui, la clause du partage, qui met une créance entière au lot de l'un des cohéritiers, n'est à l'égard du débiteur qu'une cession des parts indivises de cette créance, qui appartenaient aux autres cohéritiers. Cette cession ne sera opposable au débiteur qu'après qu'elle lui aura été signifiée ou qu'elle aura été acceptée par lui dans un acte authentique; le cohéritier cessionnaire devra respecter en conséquence les payements faits ou les compensations opérées jusque-là. Mais à l'égard de tous autres que le débiteur, la même opération constitue un véritable partage, auquel M. Demante applique dans toute son étendue la règle de l'effet déclaratif du partage. Il ne respecte même pas les droits acquis à des tiers dans l'intervalle de l'ouverture de la succession au partage : c'est ainsi qu'il annule la saisie-arrêt pratiquée par le créancier personnel de l'un des cohéritiers, si la créance saisie-arrêtée n'est pas mise dans le lot de ce cohéritier.

Quelle est, sur la question que nous venons d'examiner, la théorie de la jurisprudence? Nous savons déjà que deux arrêts de la cour de cassation ont décidé que l'art. 1220, en consacrant le principe de la division des dettes et des créances entre héritiers, n'avait point modifié les règles du partage, et que l'art. 883 devait être appliqué aux créances héréditaires : d'où l'on a tiré ces conséquences : 1° que la main-levée consentie par l'un des héritiers jusqu'à concurrence de sa part de l'inscription hypothécaire prise pour sûreté d'une créance héréditaire est réputée non avenue, si la créance ne tombe pas dans son lot ; 2° qu'il en est de même de la saisie-arrêt pratiquée sur cette créance par les créanciers des cohéritiers auxquels elle n'est point échue en partage. Mais la même cour, après un rapport de M. Troplong, s'est fondée sur le principe de la division légale des créances entre héritiers pour décider que le débiteur qui paye aux héritiers de son créancier leur part virile fait un payement valable. Cette décision paraît en contradiction avec les deux précédentes, car si tout héritier dans le lot duquel n'est pas tombée la créance est déclaré n'y avoir jamais eu aucun droit, le payement partiel qu'il a reçu doit être réputé non avenu, au même titre que tout autre acte de propriété ou de disposition qu'il aurait accompli.

### § II. — *De la licitation.*

L'art. 883 assimile, en ce qui concerne l'effet déclaratif, la licitation au partage proprement dit. Le projet primitif du Code ne mentionnait pas la licitation; ce fut sur une observation du tribunal de Lyon que cet oubli fut réparé, et que les rédacteurs ajoutèrent dans l'article 883 les mots « à lui échus sur licitation ». Le cohéritier adjudicataire d'un immeuble est donc censé avoir succédé seul et immédiatement à la totalité de cet immeuble, tandis que les autres cohéritiers n'y ont jamais eu de droit. Il n'y a pas à distinguer entre la licitation faite en justice et celle qui a lieu devant notaire ; les termes généraux de l'art. 883 s'appliquent à l'une comme à l'autre, et nous ne voyons aucune raison de refuser à la licitation amiable le caractère d'un véritable partage produisant un effet rétroactif. Est-il nécessaire, pour l'application de l'art. 883 à la licitation, que l'immeuble indivis ne soit pas commodément partageable? L'ancienne jurisprudence n'exigeait point l'impossibilité physique du partage de l'objet licité; en est-il autrement sous l'empire du Code? Rien ne nous autorise à le penser : l'art. 1686 suppose que la licitatation peut être volontaire, et l'art. 883 lui attribue l'effet déclaratif sans se préoccuper des causes pour lesquelles on a recours à ce mode de partage. Toullier seul a soutenu la doctrine contraire : « Si la licitation était faite sans nécessité, dit-il, comme si l'un des héritiers achetait la part indivise de l'autre, ce serait une vente qui ne purgerait pas les hypothèques. Le Code ne connaît que les licitations nécessaires. » Cette opinion est aujourd'hui condamnée par les auteurs aussi bien que par la jurisprudence. Peu importe que les étrangers aient été ou non admis à la licitation ; l'effet déclaratif se produit dans tous les cas. Des auteurs ont prétendu que l'art. 883 n'était applicable qu'au cas où les étrangers avaient été admis ; mais l'ancien droit est contraire à cette interprétation, et il est même digne de remarque, que Dumoulin n'accorda d'abord l'effet déclaratif à la licitation, que lorsqu'elle s'était opérée en l'absence d'étrangers ; ce n'est que dans son *Commentaire du titre des Censives* qu'il regarde les droits comme n'étant pas dus, même dans le cas où les étrangers ont été admis à enchérir.

Nous avons supposé jusqu'ici que l'adjudication avait eu lieu au profit d'un cohéritier ; mais que décider, si c'est un tiers qui s'est porté adjudicataire de l'immeuble licité ? Faut-il appliquer dans cette hypothèse l'art. 883 ? La question est d'une haute importance : la résout-on affirmativement ? Les hypothèques ou autres charges qui auront été constituées du chef d'un ou de plusieurs des cohéritiers, sur l'immeuble indivis échu par licitation à l'étranger, seront rétroactivement anéanties, et l'immeuble passera franc et libre entre les mains de l'adjudicataire. Admet-on la négative ? La licitation n'est dès lors qu'une vente consentie par la masse des cohéritiers à l'adjudicataire ; or il est de règle que l'acheteur d'un immeuble le reçoit dans l'état où il se trouvait dans les mains du vendeur, c'est-à-dire accompagné de toutes les hypothèques ou autres droits réels qui le grèvent. Les partisans de la négative invoquent principalement l'art. 833 : « Chaque héritier est censé avoir succédé seul à tous les effets à lui échus sur licitation ». Ces termes sont formels ; ils n'attribuent l'effet déclaratif à la licitation, que dans le cas où elle a été tranchée au profit d'un cohéritier.

L'affirmative, bien que condamnée par le texte de la loi, ne manque pas de défenseurs. Quel but se proposait le législateur, disent-ils, lorsqu'il a créé la règle de l'effet déclaratif du partage? Il voulait faciliter la cessation de l'indivision, protéger la paix des familles en assurant la stabilité des partages. Or, qu'arrivera-t-il si la licitation faite au profit d'un étranger est considéré comme un acte translatif? De deux choses l'une : ou l'étranger, avant l'adjudication, connaîtra les charges qui pèsent sur l'immeuble, ou il ne les connaîtra pas. S'il les connaît, sachant qu'il est tenu de les respecter, il ne prendra pas part à la licitation, ou, du moins, il n'offrira qu'un prix inférieur à la valeur de l'immeuble ; l'adjudication ne se fera pas ou se fera mal. — Si, dans l'ignorance de ces charges, il s'est porté adjudicataire, les évictions qu'il subira feront naître à son profit un recours en garantie contre son vendeur, c'est-à-dire contre la masse des héritiers. Ceux-ci recourront à leur tour contre le cohéritier, qui les a, par son fait personnel, soumis à cette poursuite. De là des involutions de procédure qui jetteront la discorde entre les membres d'une même famille. — On ajoute que, d'après l'art. 883, les cohéritiers n'ont jamais eu la propriété des effets de la succession qui ne sont pas tombés dans leurs lots. Or, s'ils n'ont jamais été propriétaires de l'immeuble adjugé à l'étranger, ils n'ont pas pu le grever d'hypothèque. L'adjudicataire le reçoit donc franc et quitte de toutes charges. — Qu'on n'essaye point d'objécter qu'un tiers qui n'est pas héritier ne peut être censé avoir succédé de quelque manière que ce soit au défunt, car l'art. 883 est une fiction, et qu'y a-t-il d'impossible à la fiction?

Il nous sera facile de réfuter ces divers arguments. L'ancien droit attribuait les effets translatifs d'une vente à l'acte par lequel un étranger s'était porté adjudicataire. Tous les jurisconsultes sont unanimes à le constater : « Si l'étranger admis à liciter est adjudicataire, disait Fonmaur, l'adjudication faite à son profit a tous les caractères d'une vente, puisque les différents vendeurs ne sont qu'un à son égard, et qu'il est égal d'être acquéreur d'un ou de plusieurs vendeurs; en sorte que cette adjudication est sujette à tous les droits d'une vente, comme s'il n'y avait qu'un vendeur ». De même Pothier enseigne que lorsque le bien licité est adjugé à un étranger, la licitation est un vrai contrat de vente, qui en produit de part et d'autre toutes les obligations. Les rédacteurs du Code se sont-ils écartés du principe consacré par notre ancienne législation? On ne peut le soutenir sérieusement en présence de l'art. 883, qui établit une distinction très-nette entre le cas où l'un des cohéritiers se rend adjudicataire, et le cas où l'adjudication a lieu au profit d'un étranger. Ce texte est si précis et si clair, qu'il ne laisse place à aucune discussion. Quant à l'argument tiré des inconvénients de la doctrine que nous défendons, il est de nature à exercer une certaine influence sur l'esprit du législateur; mais quelle valeur a-t-il pour celui dont la mission se borne à interpréter la loi, à rechercher la pensée exprimée dane son texte? Nos adversaires ne font-ils pas en outre une pétition de principe, lorsqu'ils invoquent à l'appui de leur système la dernière partie de l'art. 883? Les cohéritiers, disent-ils, sont censés n'avoir jamais eu de droits sur les effets qui ne tombent pas dans leurs lots; par conséquent, ils n'ont pu les hypothéquer. Mais dans quel cas cette fiction est-elle admise? N'est-ce pas, aux termes de l'art. 883, lorsque l'adjudication est faite au profit d'un cohéritier? Or, il s'agit justement de savoir s'il en est ainsi dans l'hypothèse où l'adjudicataire est un étranger.

L'élection de command, faite au profit d'un tiers par un cohéritier qui s'est rendu adjudicataire des biens licités de la succession, a pour résultat de faire considérer ce tiers comme seul adjudicataire. Dès lors la licitation constitue une véritable vente, et les hypothèques consenties sur ces biens pendant l'indivision ne sont pas éteintes [1]. A l'inverse, il faut décider que si un tiers se porte adjudicataire et fait élection de command au profit d'un cohéritier, l'art. 883 doit être appliqué.

Lorsqu'un successible accepte sous bénéfice d'inventaire, on sait qu'il ne s'opère aucune confusion entre son patrimoine et les biens de la succession ; mais de ce que la distinction entre les deux patrimoines rend pos-

1. *Caen*, 25 fév. 1837. — *Dev.* 1838, II, 154.

sible la relation de vente entre la succession et l'héritier bénéficiaire, faut-il conclure que l'adjudication faite au profit de ce dernier doive être considérée comme une mutation véritable, et donner lieu en conséquence à un droit proportionnel? Un arrêt du 13 juin 1662, connu sous le nom d'arrêt de la Meilleraye, jugeait que les lods et ventes étaient dus par l'héritier bénéficiaire pour l'adjudication qui lui avait été faite. Mais un arrêt du 26 mars 1782, rendu par la grande chambre du parlement de Paris, assimila complétement l'héritier bénéficiaire à l'héritier pur et simple en ce qui concerne l'adjudication. On doit également, sous l'empire du Code, attribuer un effet déclaratif à la licitation, lorsque l'adjudicataire est un héritier bénéficiaire; car l'article 883 est conçu en termes généraux qui excluent toute distinction, et d'ailleurs, quelle que soit la séparation fictive maintenue par le bénéfice d'inventaire entre la succession et le patrimoine propre de l'héritier, en réalité l'héritier bénéficiaire n'en est pas moins propriétaire des biens héréditaires. Dès lors, l'adjudication ne lui fait rien acquérir, et ne peut avoir qu'un caractère purement déclaratif. La cour de cassation avait d'abord rejeté cette doctrine, en se fondant sur ce que la liquidation d'une succession bénéficiaire se fait dans l'intérêt commun des créanciers et de l'héritier, et que par suite celui-ci ne devenait adjudicataire que comme un étranger[1]. Mais ce motif n'a rien de concluant; on a répondu que la vente à l'un des héritiers bénéficiaires n'est pas seulement un acte de li-

1. 27 Mai 1835, J. du P. t. 102, p. 278.

quidation tendant à éteindre le passif de la succession, mais encore un acte faisant cesser l'indivision. D'ailleurs, il est reconnu de tous que le partage en nature a le même effet vis-à-vis de l'héritier bénéficiaire que de l'héritier ordinaire, et certes il n'y a pas de raison pour qu'il en soit autrement en matière de licitation. Aussi la cour de cassation a-t-elle décidé, dans un arrêt plus récent, que l'héritier bénéficiaire peut comme l'héritier ordinaire se prévaloir de l'art. 883, pour prétendre qu'il continue le défunt, et que la licitation ne lui a conféré qu'un simple titre déclaratif de propriété.

Nous arrivons à une des questions les plus intéressantes que soulève l'interprétation de l'art. 883 : la règle de l'effet déclaratif est-elle applicable même entre copropriétaires, dont les droits ne procèdent pas d'un titre commun, par exemple entre des cohéritiers et le cessionnaire des droits successifs de l'un d'eux ? Et spécialement l'adjudication d'un immeuble indivis prononcée au profit du cessionnaire de l'un des cohéritiers équivaut-elle à un partage, en sorte que les hypothèques consenties pendant l'indivision du chef des autres cohéritiers soient résolues par l'effet déclaratif de la licitation ? La cour de Douai a jugé que l'art. 883 est inapplicable dans l'hypothèse où l'indivision, que fait cesser le partage, n'a pas eu pour cause un titre commun entre tous les copartageants [1]. Il est vrai que la condition d'un titre commun fut exigée dans notre ancienne jurisprudence, à une époque où l'on considérait l'effet déclaratif du partage comme l'exercice et la con-

1. 2 Mai 1848. — *Dev.* 1849, 2, 394.

solidation du titre primitif de chacun des copartageants; or le titre primitif du cessionnaire était une vente, il ne pouvait donc acquérir qu'à titre de vente les portions de ses copartageants. Mais aucune disposition de la loi moderne n'exige pour l'application de l'effet déclaratif que les propriétaires viennent au partage, en vertu d'un même titre ; d'ailleurs la vente qu'un cohéritier fait de ses droits successifs à un tiers n'emporte-t-elle pas subrogation pleine et entière de l'acquéreur dans les droits de son vendeur ? Aussi un arrêt récent et savamment motivé de la cour de cassation a-t-il décidé que la licitation faite au profit de l'acquéreur des droits d'un copartageant produit le même effet que celle qui aurait lieu entre les cohéritiers avant la vente [1]. La doctrine contraire pourrait conduire aux conséquences les plus bizarres et les plus iniques. En effet, pourquoi ne refuserait-on pas à la licitation le caractère d'un partage lorsque c'est un héritier qui se porte adjudicataire, si ses cohéritiers ont cédé leurs droits à des tiers ? Ne serait-on pas en droit de dire que pour les parts cédées cet adjudicataire était dans l'indivision avec des acquéreurs et non avec des héritiers comme lui, et que le titre commun faisant défaut relativement à ces parts, elles n'ont pu lui arriver qu'au moyen d'une véritable transmission de propriété dépourvue des avantages qui résultent du caractère purement déclaratif du partage et de la licitation ? Et puis, ne voit-on pas combien serait violée l'égalité qui doit régner dans les partages, si les hypothèques consenties par les héritiers sur les im-

1. 27 Janv. 1857. *Dev.* 1857, 1, 665.

meubles compris dans le lot du cessionnaire pouvaient subsister, tandis que les immeubles échus aux héritiers seraient libres de toutes charges de même nature? Quelle injustice n'y aurait-il pas à traiter le cessionnaire comme un adjudicataire à titre de vente? Il ne pourrait pas, en cas d'éviction, exercer le privilége de copartageant sur les immeubles de la succession, alors qu'un cohéritier serait admis à l'exercer. S'il ne payait pas son prix, il serait soumis au privilége du vendeur et à l'action résolutoire ; lésé de plus du quart dans la licitation (en supposant qu'elle n'ait pas été faite en justice), il n'aurait pas le droit d'en poursuivre la rescision, comme le ferait un cohéritier. Lorsque nous aborderons l'étude de la législation fiscale en matière de partage, nous verrons la cour de cassation s'écarter des principes que nous venons de poser, et décider que l'existence d'un titre commun et semblable entre tous les copartageants est nécessaire pour l'application de l'art. 883 en matière fiscale.

### § III. — *Du partage avec soulte.*

Il n'est pas toujours possible d'obtenir une égalité parfaite dans la composition des lots. Soient deux héritiers, Primus et Secundus, appelés à une succession qui se compose de deux immeubles, l'immeuble A valant 25,000 fr., l'immeuble B valant 35,000 fr. Le partage s'opère, et le fonds A échoit à Primus, le fonds B à Secundus ; régulièrement, on devait détacher du fonds B pour l'attribuer à Primus, une portion d'une valeur de 5,000 fr.; mais afin d'éviter le morcellement d'un héritage, il a paru convenable de mettre l'immeuble B tout entier dans le lot de Secundus. L'inégalité se compense alors par une soulte, un retour soit en rente, soit en un capital payable au moment du partage ou à d'autres époques déterminées. L'héritier débiteur de la soulte peut aussi l'acquitter avec des meubles ou des immeubles à lui propres, ou bien en prenant à sa charge une portion plus considérable du passif de la succession. Nous savons que dans le dernier état de notre ancien droit, l'effet déclaratif était applicable au partage avec soulte ; il est évident que notre Code a entendu consacrer cette doctrine. Par cela même que l'art. 883 reconnaît un caractère déclaratif à la licitation, nous devons admettre, sans hésiter, que cet article régit aussi le partage fait avec soulte. Qu'est-ce, en effet, que la licitation, sinon un partage avec soulte, les parts du prix dû aux colicitants par l'adjudicataire constituant une véritable soulte ? Comprendrait-on que le législateur eût soumis à des règles différentes deux opérations qui présentent une si grande analogie ? Il s'ensuit que les hypothèques constituées pendant l'indivision sur l'immeuble partagé avec soulte sont complétement anéanties dans le cas où l'héritier qui les a consenties ne reçoit pas l'immeuble dans son lot. Le prix de la soulte est une valeur purement mobilière, sur laquelle tous les créanciers hypothécaires et chirographaires du copartageant auquel la soulte est due, sont admis à concourir au marc le franc. M. Rodière regarde cette théorie comme contraire à la réalité des choses, et ne voit dans le partage avec soulte qu'une cession transport jusqu'à concurrence du montant de la soulte. Il s'appuie notamment sur le § de l'art. 68 de la loi du 22 frimaire an VII, qui tarife les soultes comme prix de vente. D'après lui, la fiction de l'art. 883 doit donc être resteinte, au cas où le partage s'opère sans aucun retour de lots; quand il y a soulte, il propose d'admettre les créanciers en faveur desquels des hypothèques ont été consenties pendant l'indivision à se faire colloquer, selon le rang de ces hypothèques, sur le montant de la soulte. M. Rodière ne tire pas du principe qu'il pose toutes les conséquences qui en découlent logiquement. Pourquoi ne pas maintenir, d'une manière absolue, les hypothèques qui pèsent sur cette portion de l'immeuble, qu'il considère comme vendue, et dont la soulte est le prix? Pourquoi enlever aux créanciers hypothécaires le droit de suite, et ne leur conserver que l'exercice du droit de préférence? N'est-ce pas créer un droit hypothécaire anormal? M. Rodière exagère l'influence que doit exercer sur la solution de la question les dispositions de la loi du 22 frimaire an VII; les lois fiscales ne sont pas appelées à régir les rapports de droit civil de particulier à particulier. Ajoutons qu'on ne saurait refuser au copartageant lésé le droit de demander la rescision pour cause de lésion de plus du quart; et si personne n'ose exiger dans ce cas une lésion de plus des sept douzièmes, concluons que le partage fait avec soulte ne dépose pas son caractère de partage pour revêtir celui d'une vente.

### § IV. — *Des actes équipollents à partage.*

Nous venons d'assimiler au partage, soit la licitation,

soit le partage avec soulte, en nous fondant sur la disposition expresse de l'art. 883. Nous devons appliquer la même règle à tous les autres actes qui ont pour objet de faire cesser l'indivision, quel que soit le nom que leur aient donné les parties contractantes. D'Argentré soutint le premier, dans l'ancien droit, qu'il ne fallait pas s'attacher à la dénomination d'un acte pour en apprécier la nature et pour déterminer les règles qui lui sont propres; ce qui le caractérise, c'est le but que se sont proposé les parties. Ainsi, des copropriétaires sont sortis d'indivision au moyen d'un acte qu'ils ont qualifié de vente, d'échange ou de transaction. Ne nous laissons point abuser par l'apparence des choses; qu'ont voulu les communistes? Mettre fin à une indivision gênante; dès lors, l'acte au moyen duquel ils ont atteint ce résultat est un véritable partage, il en doit produire les effets. La doctrine et la jurisprudence sont d'accord pour reconnaître que la loi moderne a consacré sur ce point les décisions de l'ancien droit. L'art. 888 attribue en effet le caractère du partage à tout acte qui a pour but de faire cesser l'indivision; il semble, il est vrai, ne l'assimiler au partage que sous le rapport de la rescision pour cause de lésion, mais si le législateur le déclare rescindable pour une simple lésion de plus du quart, c'est qu'il y voit non pas un acte de négoce, mais un traité de famille conçu principalement en vue de faire cesser l'indivision, et accompli dans un pur esprit d'égalité.

On doit appliquer l'art. 883 à la cession de droits successifs qui serait faite à l'un des cohéritiers par tous les autres et à tout arrangement analogue par suite duquel l'indivision cesserait d'une manière absolue entre tous les copropriétaires. La cour de Toulouse a seule contesté cette décision [1]. Elle a jugé dans l'hypothèse où, deux héritiers étant appelés à une succession, l'un d'eux avait vendu sa part à l'autre, que cette cession n'était qu'une vente ordinaire, bien qu'elle eût pour résultat de mettre fin à l'indivision. Suivant l'arrêt de Toulouse, on ne saurait trouver le caractère du partage dans une opération qui attribue la totalité des biens héréditaires en nature à l'un des cohéritiers, tandis que l'autre n'obtient qu'une somme d'argent que le cohéritier cessionnaire prend dans sa propre fortune. On peut répondre que l'art. 883 a pris soin d'assimiler expressément la licitation au partage, et pourtant le bien licité tombe tout entier dans le lot de l'adjudicataire, tandis que les autres ne reçoivent qu'une part dans le prix qui leur est payé par l'adjudicataire de ses propres deniers. Ces deux opérations, la licitation et la vente de droits successifs faite par un cohéritier à son cohéritier, présentent donc l'analogie la plus parfaite ; rien n'est plus naturel et plus logique que de les soumettre aux mêmes règles.

Supposons qu'un héritier achète à ses risques et périls les droits successifs de tous ses cohéritiers, en d'autres termes leur part héréditaire telle qu'elle se comporte activement et passivement. Doit-on voir dans un acte de cette nature l'équivalent d'un partage ? Cette assimilation paraît, au premier abord, assez difficile à

1. 14 Déc. 1850. *Dev.* 1851, II, 102.

admettre : partager, en effet, c'est déterminer avec une rigoureuse exactitude ce qui revient à chacun ; tout esprit de lucre est banni d'une telle opération. Mais acheter la part de son cohéritier pour un prix dont le chiffre peut être de beaucoup supérieur ou de beaucoup inférieur à sa valeur réelle et sous cette condition que la vente ne sera point rescindée, quelque préjudice qu'elle cause à l'une des parties, c'est faire acte de spéculation. Aussi la loi se garde-t-elle bien de confondre deux actes si différents; elle autorise la rescision du partage toutes les fois qu'un des cohéritiers prouve qu'il a été lésé de plus d'un quart; elle refuse, au contraire, l'action en rescision contre la cession de droits successifs faite aux risques et périls du cessionnaire. Elle déclare le cédant affranchi de toute garantie, tandis que, dans le partage ordinaire, la clause de non garantie est nulle. — Telles sont les considérations qui ont été invoquées par l'administration de l'enregistrement, pour soumettre, non pas au droit de partage, mais au droit de vente la cession de droits héréditaires aux risques et périls du cessionnaire. Cette doctrine a été favorablement accueillie par un arrêt de la cour de Grenoble du 4 janv. 1853; mais on l'a réfutée par des arguments décisifs. L'ancienne jurisprudence assimilait au partage la cession faite aux risques et périls du cessionnaire; on en trouve la preuve dans ce passage de Pothier : « Nonobstant les termes de vente dans lesquels cet acte est conçu, il ne doit pas être considéré comme un acte de vente, mais comme acte tenant lieu de partage... Toutefois, il n'est guère sujet à rescision pour cause de lésion, car l'*incertum æris alieni*, dont l'acheteur se charge, empêche qu'on puisse dire qu'il y a lésion [1] ». Cette explication de Pothier est certainement le meilleur commentaire qu'on puisse donner de l'art. 889 : lorsqu'une cession de droits successifs est faite aux risques et périls de l'acquéreur, elle est soustraite, par l'effet de cette clause, à l'action en rescision ; mais elle ne perd point le titre et la qualité d'acte de partage, qui lui sont acquis par cela seul qu'elle fait cesser l'indivision.

Lorsque les héritiers mettent fin à l'indivision au moyen d'un échange de biens héréditaires, il n'y a là véritablement qu'un partage pur et simple. Mais que décider dans l'hypothèse où l'un des héritiers, Primus, reçoit la totalité des biens communs en retour d'un immeuble à lui propre qu'il cède à titre de soulte à son cohéritier Secundus ? Cet arrangement constitue-t-il un partage ? On n'hésiterait pas à lui reconnaître ce caractère, si la soulte, au lieu de consister dans un immeuble, devait être payée en argent. Mais qu'importe qu'elle ait telle ou telle chose pour objet ? Recourons à cette règle d'interprétation qu'indiquait d'Argentré : Quel but se sont proposé les parties ? Est-ce l'échange ? Non, mais uniquement le partage. L'opération qu'elles ont faite est donc un véritable partage ; cette opinion était celle de la majorité des jurisconsultes anciens, et avait fini par prévaloir sous le patronage de d'Argentré. Remarquons toutefois que dans cette hypothèse particulière, le partage sera translatif de propriété pour l'un

1. Pothier, *de la vente*, n° 644.

des héritiers, et pour l'autre simplement déclaratif d'une propriété préexistante. Primus est censé n'avoir rien acquis de Secundus son cohéritier ; il tient du défunt la totalité de la succession qui lui a été attribuée, les immeubles héréditaires arrivent dans ses mains libres de toutes les charges dont ils avaient pu être grevés du chef de l'autre cohéritier pendant l'indivision. Secundus, au contraire, n'a rien reçu du défunt, l'immeuble qui est entré dans son patrimoine lui vient tout entier de Primus ; les hypothèques et les droits réels qui ont été constitués par Primus sur cet immeuble subsistent donc intégralement.

L'art. 883 s'applique-t-il au cas où l'acte qui fait cesser l'indivision est la donation de ses droits successifs faite par un cohéritier à l'autre ? A notre avis, le partage est un acte essentiellement à titre onéreux; nous ne saurions en trouver le caractère dans une libéralité qui attribue tout à l'un et rien à l'autre. A ceux qui tenteraient d'assimiler cet acte à la licitation, nous pourrions répondre que l'adjudicataire qui obtient la totalité du bien licité doit du moins payer une somme d'argent à ses cohéritiers, tandis que le donataire ne doit rien au donateur en retour de ce qu'il reçoit. Comment admettre d'ailleurs qu'il ait succédé au défunt pour tous les effets qu'il conserve? Il n'était héritier que pour partie, et il obtient la succession tout entière, sans fournir à ses cohéritiers l'équivalent des objets héréditaires auxquels ils avaient droit ; il est donc l'ayant-cause de ses cohéritiers donateurs pour la part qui devait leur revenir. Décider que la donation n'étant que déclarative fait évanouir les hypothèques consenties par le donateur sur sa part indivise, ce serait procurer à ce dernier un moyen facile de frustrer ses créanciers du gage de leur créance, et d'enrichir un tiers à leur préjudice tout en y trouvant son avantage, puisque le donataire doit des aliments au donateur. Aussi, la Cour de cassation a-t-elle jugé par arrêt du 5 mai 1841 que la donation d'une part indivise dans un immeuble faite par l'un des communistes à l'autre est sujette à transcription, comme toute donation de biens susceptibles d'hypothèque, bien qu'elle ait eu pour effet de faire cesser l'indivision.

Supposons qu'une succession s'ouvre au profit de deux héritiers, et que l'un renonce à ses droits successifs moyennant un prix que devra lui payer son cohéritier. Cette renonciation n'est au fond qu'une cession sous une forme particulière, et comme elle met fin à l'indivision, elle constitue un véritable partage.

Il est incontestable que l'effet déclaratif s'applique aux actes dans lesquels on ne divise qu'une partie des biens ; il serait absurde de prétendre qu'un partage en nature a le caractère d'un échange, ou le partage avec soulte celui d'une vente, parce qu'il reste des biens communs, et que l'indivision ne cesse pas entièrement. Rarement les meubles sont partagés en même temps que les immeubles, et le premier partage est déclaratif alors même que le second n'est pas encore opéré. Ce que nous disons du partage pur et simple est également vrai de la licitation. Presque jamais une licitation ne fait cesser l'indivision à l'égard de la totalité des biens héréditaires, ce résultat n'a lieu que dans le cas où l'immeuble licité est le seul objet qu'il y ait à partager.

C'est donc aussitôt après l'adjudication que la licitation produit, en ce qui concerne le bien licité, l'effet déclaratif; l'art. 883 n'exige point, en effet, pour qu'il en soit ainsi, que tous les autres biens soient partagés en même temps. Mais il est possible que le partage, au lieu d'être partiel quant aux biens, soit partiel quant aux personnes, c'est-à-dire qu'il ne fasse pas cesser l'indivision simultanément à l'égard de tous les copropriétaires. C'est ce qui a lieu, par exemple, lorsqu'un cohéritier cède ses droits successifs à tous ses cohéritiers ou à quelques-uns d'entre eux ; l'indivision cesse à l'égard du cohéritier cédant, mais subsiste à l'égard des autres. La Cour de cassation, la plupart des Cours impériales et un grand nombre d'auteurs n'appliquent l'art. 883 qu'aux actes qui font cesser l'indivision entre tous les communistes. Supposons un immeuble indivis et trois héritiers ; l'un cède ses droits à un autre. Cette cession ne saurait être assimilée au partage, parce qu'elle ne met fin à l'indivision que par rapport au cédant ; il n'y a là qu'une vente, les principes de la vente seront seuls appliqués. Même solution dans le cas où l'un des cohéritiers céderait ses droits successifs aux deux autres conjointement, car l'indivision subsisterait entre ces derniers. Mais si deux des cohéritiers consentaient à céder leurs droits héréditaires au troisième, cet acte attribuant à un seul la succession tout entière, et mettant fin à l'indivision à l'égard de tous les communistes, équivaudrait à un partage et en produirait les effets. Il n'est pas sans intérêt de montrer à quels résultats fâcheux conduit le système de la jurisprudence. Un héritier vend sa part héréditaire à l'un de ses cohéritiers ;

comme cette cession ne constitue pas un partage, on ne peut pas dire que le cédant n'a jamais été propriétaire des objets cédés, les hypothèques qui de son chef grevaient la part cédée continuent donc à la frapper dans les mains du cessionnaire. Mais il a été jugé que ces hypothèques restaient, après comme avant la cession, subordonnées aux éventualités de l'acte qui fera cesser entièrement l'indivision. En effet, si le cohéritier cessionnaire transmet à son tour sa part héréditaire et celle qui lui a été cédée au cohéritier avec lequel il se trouve encore dans l'indivision, ce dernier, devenu, par l'effet d'une transmission équivalant à partage, propriétaire des immeubles héréditaires, est censé en avoir toujours été seul propriétaire dès l'époque de l'ouverture de la succession ; par conséquent, les hypothèques consenties par l'héritier sorti le premier d'indivision s'évanouissent aussi bien que celles établies du chef de l'héritier qui fait la dernière cession[1].

La jurisprudence et les auteurs qui soutiennent le même système invoquent les considérations suivantes. L'art. 883 a un caractère exceptionnel, puisqu'il déroge au principe, que les hypothèques et autres droits réels valablement constitués suivent la chose sur laquelle ils sont établis, en quelques mains qu'elle passe. Ce résultat est si extraordinaire, qu'il a fallu, pour l'atteindre, recourir à une fiction qui doit être rigoureusement renfermée dans les limites déterminées par la loi. Or cette fiction, d'après les termes des art. 883 et 888, n'a trait qu'aux actes qui, passés entre les héritiers, font

1. *Cass.*, 29 mars 1854. *Dev.* 54, 1, 331.

cesser l'indivision au regard de chacun d'eux. Donc elle ne peut s'appliquer aux actes, dont tout l'effet est d'écarter du partage quelques-uns seulement des héritiers, et qui laissent subsister l'indivision entre les autres. Les deux dispositions que contient l'art. 883 sont tellement connexes entre elles, qu'elles se servent réciproquement de cause l'une à l'autre. Si chaque héritier est censé n'avoir jamais été propriétaire des biens que le partage ne lui a pas attribué, c'est évidemment parce que l'héritier, dans le lot duquel ils sont tombés, est réputé en avoir été dès l'origine propriétaire exclusif. Or, si l'acte qui a fait cesser l'indivision quant à l'un des héritiers, l'a laissé subsister à l'égard des autres, on ne peut point appliquer à ces derniers la disposition suivant laquelle chaque copartageant est censé avoir toujours été propriétaire exclusif des biens compris dans son lot, et par suite, il devient impossible de considérer l'héritier sorti d'indivision comme ayant toujours été étranger aux biens indivis. Enfin le quatrième alinéa de l'art. 1er de la loi du 23 mars 1855 vient à l'appui de la distinction proposée, puisqu'il limite la dispense de transcription qu'il établit au jugement rendu sur licitation au profit d'un cohéritier ou d'un copartageant; cette dispense eût été étendue au jugement prononcé au profit de plusieurs héritiers adjudicataires conjoints, si le législateur y avait vu un partage.

Quelle que soit l'autorité de la Cour suprême et des écrivains qui se sont constitués les défenseurs de sa jurisprudence, nous n'hésitons pas à appliquer l'effet déclaratif du partage à la vente de droits successifs et à la licitation, lors même qu'elles ne font pas cesser l'indivision entre tous les cohéritiers. Cette doctrine a pour elle l'ancienneté, car elle prend sa source dans la législation romaine. Depuis Alexandre-Sévère jusqu'à la promulgation du Code, il a toujours été décidé que la cessation complète d'indivision entre tous les communistes n'était pas nécessaire pour qu'il y eût partage. Ulpien s'exprimait ainsi dans la loi 2, § 4, D., *fam. ercisc.* : « *Dubitandum non est, quin familiæ erciscundæ judicium et inter pauciores hæredes ex pluribus accipi possit* ». Dans notre ancienne jurisprudence, la question de savoir s'il fallait attribuer le caractère du partage à l'acte qui ne terminait la communauté qu'à l'égard de quelques-uns des copropriétaires, fut quelque temps discutée; c'est ce que nous apprend Sudre : « D'autres, dit-il, voulurent distinguer si l'acte avait été passé entre tous les héritiers, ou si l'un des cohéritiers, dans le cas où il en aurait plus de deux, avait particulièrement cédé sa portion à un autre. Il fallut plus de temps pour se fixer sur cette importante question. » Mais enfin elle avait été résolue en ce sens que l'acte n'avait pas plus que le partage auquel il tendait un caractère translatif. Les auteurs et la jurisprudence étaient unanimes sur ce point : « Il n'est pas de règle, disait Guyot, qui oblige les associés à ne sortir de communauté qu'en la rompant avec tous. L'un des associés peut liciter sa portion soit avec l'un, soit avec tous ; cela ne fait que diminuer le nombre des copropriétaires, mais il n'y a point de changement de propriétaire. C'est toujours un acte qui n'a trait qu'à la dissolution de la communauté, et dans lequel l'esprit des contractants est de partager et non de vendre[1]. » Pothier, qui nous a transmis si fidèlement le dernier état de la jurisprudence française avant la révolution, est tout aussi explicite : « Pour qu'une vente que l'un des cohéritiers fait de sa portion à son cohéritier soit un partage, il n'est pas nécessaire qu'elle dissolve toute la communauté, il suffit qu'elle la dissolve entre eux deux. Par exemple, si l'un des quatre héritiers vend à un autre sa portion, quoique celui qui l'acquiert demeure en communauté avec les deux autres, cet acte n'en tient pas moins lieu de partage ; car il suffit qu'il dissolve la communauté avec celui qui a vendu sa portion[2]. » C'était donc autrefois une maxime universellement reçue que tout premier acte entre héritiers devait être assimilé au partage, par ce motif qu'il avait pour objet de mettre fin à l'indivision. Dès lors, il est naturel de croire que les rédacteurs du Code ont entendu maintenir cette ancienne règle, si nous ne trouvons dans la loi moderne aucune disposition qui y déroge expressément. Ainsi la loi gardât-elle le silence le plus absolu sur cette question, nous serions fondés à la résoudre dans le même sens que la jurisprudence et les auteurs du XVIIIe siècle. Mais recherchons, à l'aide de travaux préparatoires et des textes mêmes du Code, quelle a été l'intention du législateur ; nous verrons que loin de songer à abolir une doctrine consacrée par les siècles, il l'a formellement sanctionnée.

Lorsque la discussion s'engage au conseil d'État sur

1. *Des licitations*, ch. 3, § 4, n° 4.
2. *Traité des fiefs*, partie 1re, ch. 5, § 3.

les articles du projet de loi qui traitent des effets du partage, et qu'on en vient à parler du premier acte, qui fait cesser l'indivision à l'égard de quelques-uns des communistes seulement, voit-on quelque orateur s'élever contre l'assimilation d'un acte de cette nature au partage proprement dit ? Il en est à peine question ; M. Treilhard seul en parle brièvement, et c'est pour reproduire avec une scrupuleuse exactitude la doctrine de l'ancien droit : « La section, dit-il, a pensé que le premier acte que les héritiers font entre eux tend toujours à partager la succession. Aussi cet acte doit être résolu dans les mêmes cas que tout autre partage ; peu importe qu'on l'ait appelé une transaction, il faut s'arrêter plus à la réalité qu'au titre. » Ces paroles ne soulèvent aucune objection, et la pensée qu'elles expriment passe dans l'art. 888 : « L'action en rescision est admise contre tout acte qui a pour objet de faire cesser l'indivision entre cohéritiers, encore qu'il fût qualifié de vente, d'échange et de transaction, ou de toute autre manière ». Ainsi nul doute : tout acte qui fait cesser l'indivision d'une manière même relative est un partage ; c'est pourquoi la loi le déclare rescindable pour lésion de plus du quart. On a imaginé, pour repousser l'argument tiré de l'art. 888, une singulière distinction : la cession de droits successifs consentie par un des héritiers, soit à tous ses cohéritiers, soit à l'un d'eux, doit être considérée comme un partage, en ce sens qu'elle est rescindable pour la simple lésion de plus du quart ; mais, au point de vue de l'art. 883, et sous le rapport des effets qu'elle doit produire non-seulement à l'égard des cohéritiers, mais encore à l'égard des tiers, on n'y peut voir qu'une véritable vente, un acte translatif de propriété. Il est naturel, a-t-on dit, que le législateur assimile au partage, sous le rapport de l'action en rescision, des actes qui n'ont point le caractère d'un partage proprement dit; car, lorsqu'il s'agit de maintenir l'égalité qui doit régner entre les héritiers, peu importe que cette égalité soit blessée par un acte qui ne fait sortir d'indivision que quelques-uns des cohéritiers, ou par un acte qui fait cesser l'indivision à l'égard de tous? Lorsqu'il s'agit, au contraire, d'effets se produisant à l'égard des tiers, la loi devait se montrer plus difficile à reconnaître aux actes le caractère d'un partage. La distinction qu'on nous propose n'était certainement pas dans la pensée du législateur; s'il a soumis les actes préparatoires à la rescision pour lésion de plus d'un quart, c'est qu'il a vu dans ces actes de véritables partages. Nous avons cité les paroles de M. Treilhard qui jettent sur ce point la plus vive lumière : « Cet acte doit être résolu dans les mêmes cas que tout autre partage »; ainsi le premier acte est assimilé d'une manière générale et sans restriction à tout autre partage, au partage proprement dit, qui fait cesser l'indivision à l'égard de tous les communistes. M. Chabot, chargé de faire, au Corps législatif, le rapport sur la section des effets du partage, prononce des paroles peut-être encore plus décisives : « Tout acte qui a pour objet de faire cesser l'indivision entre cohéritiers est un partage, dans quelque forme qu'il ait été rédigé, et quel que soit le titre qu'on lui a donné. Il suffit que l'acte ait pour objet de faire cesser l'indivision, pour qu'il y ait toujours un partage. »

Les textes du Code sont-ils moins favorables à notre système? La règle de l'effet déclaratif, nous dit-on, constitue une fiction, qui doit être renfermée dans les termes mêmes du texte qui la consacre; or, il résulte de l'art. 883 qu'elle n'est applicable qu'autant que l'acte qui est intervenu a fait cesser l'indivision à l'égard de *chaque* cohéritier. Il nous semble que les expressions de l'art. 883 n'ont rien d'exclusif, et qu'on peut les entendre en ce sens que *tout* héritier qui a reçu un lot est réputé avoir succédé seul aux effets qui s'y trouvent compris : la preuve que la loi ne se place pas uniquement dans l'hypothèse où *chaque* héritier a reçu un lot, c'est que, dans la seconde disposition de l'art. 883, elle parle des autres biens de la succession sans se préoccuper de savoir s'ils ont été ou non partagés. Mais admettons que la loi suppose le cas où chacun des héritiers a reçu un lot, où l'indivision, par conséquent, a cessé au regard de tous. Elle ne s'explique pas sur le point de savoir si le partage a été opéré par un seul et même acte ou par des actes distincts accomplis et à différentes époques; elle ne s'oppose donc nullement à ce qu'on applique l'effet déclaratif au premier acte qui fait sortir un héritier de l'indivision.

Quant à l'argument tiré de la connexité des deux dispositions contenues dans l'art. 883, il n'a qu'une apparence spécieuse; est-il rigoureusement indispensable, pour qu'un cohéritier soit réputé n'avoir jamais été propriétaire des biens qui ne tombent pas dans son lot, que chacun des cohéritiers soit à l'inverse réputé avoir toujours été seul propriétaire d'une portion déterminée et divise de ces mêmes biens? Il suffit évidemment qu'ils soient réputés en avoir toujours eu seuls la propriété indivise. Du reste, la connexité prétendue des deux dipositions de l'art. 883 ne peut pas nous être opposée, si nous considérons le partage au moment où les divers actes qui le constituent sont accomplis. Soit un immeuble indivis entre trois héritiers, Primus, Secundus, Tertius. Primus cède sa part indivise aux deux autres communistes. Plus tard, Secundus et Tertius licitent, et Tertius se porte adjudicataire. Nous nous trouvons alors dans l'hypothèse prévue par l'article 883. Primus et Secundus sont réputés n'avoir jamais eu de droits sur l'immeuble, tandis que Tertius sera censé en avoir toujours été propriétaire à partir de l'ouverture de la succession.

Nous ne saurions accorder plus de valeur à l'objection qu'on a puisée dans l'art. 1er de la loi du 23 mars 1855. Cet article n'exempte, il est vrai, de la transcription, que le jugement d'adjudication rendu sur licitation au profit d'un cohéritier ou d'un copartageant; d'où l'on pourrait conclure que la transcription est nécessaire dans le cas où l'immeuble a été adjugé conjointement à plusieurs héritiers ou copartageants. Mais nous savons combien il faut se défier des arguments *a contrario* ; en parlant des cas où un seul des communistes se porte adjudicataire, le législateur a statué *ex eo quod plerumque fit*; rien ne prouve qu'il ait voulu par un seul mot accomplir une réforme considérable et ranger dans la catégorie des actes translatifs de propriété un acte qui jusqu'alors avait un caractère purement déclaratif.

On s'étonne, en lisant l'art. 888, que le système contraire à celui que nous défendons ait pu rallier à lui de si nombreuses autorités. Cet article ne vise point uniquement les actes qui font cesser l'indivision entre tous les cohéritiers; sa formule large et compréhensive s'applique même aux actes qui ne mettent fin à la communauté que d'une manière toute relative : « Tout acte, y est-il dit, qui a pour objet de faire cesser l'indivision entre cohéritiers est un partage ». — La loi n'exige point que l'indivision cesse entre *tous* les cohéritiers: par conséquent, un acte ne fît-il sortir d'indivision qu'un seul des communistes, il ne faut point hésiter à l'assimiler au partage. Telle est la cession de droits successifs consentie par un héritier à l'un ou à plusieurs de ses cohéritiers.

Il est à regretter qu'une jurisprudence qui paraît aujourd'hui très-solidement fixée attribue un caractère translatif aux actes préparatoires à partage ; c'est porter atteinte au principe tutélaire de l'effet déclaratif, c'est rétablir en partie la théorie romaine avec tous les inconvénients qu'elle entraîne. Ainsi, dans le cas où l'un des héritiers cède sa part indivise à un autre héritier, les hypothèques légales, judiciaires, conventionnelles qui la grevaient de son chef ne cessent pas de la frapper dans les mains du cessionnaire ; de là toutes les conséquences fâcheuses qui découlent du maintien des droits réels consentis par les communistes durant l'indivision. Le système de la jurisprudence enlève aux familles un moyen utile de simplifier les opérations fécondes en procès, auxquelles il faut recourir pour sortir d'indivision. Lorsqu'un acte ne fait pas cesser l'indivision d'une manière absolue, ce n'est pas sans doute un partage proprement dit; mais il ne s'ensuit pas que ce soit une vente ou un échange, car il ne contient ni l'intention de vendre, ni celle d'échanger, le seul but que se proposent les parties est d'arriver à mettre fin à l'indivision.

## CHAPITRE III.

### DES CONSÉQUENCES DE L'EFFET DÉCLARATIF DU PARTAGE.

Nous avons, en commençant cette étude, examiné la question de savoir quelle portée il faut donner à la règle de l'art. 883, et nous avons cru devoir décider qu'il était contraire à la pensée du législateur de renfermer l'application de cet article dans les limites étroites que certains auteurs avaient voulu lui assigner. Nous allons maintenant entrer dans les détails de notre théorie générale, et exposer les conséquences diverses qui découlent de la règle de l'effet déclaratif du partage.

#### § Ier. — *Des droits réels consentis par les cohéritiers sur les biens indivis.*

L'art. 883 déclare que les cohéritiers sont réputés n'avoir jamais été propriétaires des biens qui ne leur sont pas échus en vertu du partage ou de la licitation. Il s'ensuit que les droits réels consentis par les cohéritiers sur ces biens doivent être regardés comme non avenus, et que chaque copartageant reçoit les objets compris dans son lot, dans l'état où ils se trouvaient au moment même de l'ouverture de la succession, c'est-à-dire libres des charges dont ils ont été grevés du chef des autres communistes durant l'indivision. Deux immeubles étaient indivis entre Primus et Secundus; par suite du partage, Primus a obtenu l'immeuble A, Secundus l'immeuble B. Si nous supposons que Primus a constitué pendant l'indivision une hypothèque sur le fonds B, au profit de ses créanciers personnels, le fonds B tombant au lot de Secundus, l'hypothèque s'évanouit, et Secundus reçoit l'immeuble franc et quitte de toutes charges. En effet, pour constituer valablement une hypothèque, il faut être propriétaire de la chose hypothéquée. Or, Primus, étant censé n'avoir jamais de droits sur le fonds B, n'a pu le grever d'hypothèque. Notre Code fait ici l'application d'une règle fort sensée que la loi 54 au Digeste, *De regulis juris*, formulait ainsi : *Nemo plus juris ad alium transferre potest quam ipse habet.* Celui qui a sur une chose un droit soumis à une condition résolutoire, transmet ce droit affecté de la même condition; si elle vient à s'accomplir, le droit s'évanouit pour le cessionnaire comme il s'évanouirait pour le cédant. Mais si le fonds B, au lieu d'échoir à Secundus, tombait au lot de Primus, celui-ci serait réputé en avoir toujours été propriétaire, à dater de l'ouverture de la succession, et l'hypothèque par lui constituée serait maintenue. C'est donc l'événement du partage qui décide du sort de l'hypothèque consentie pendant l'indivision : l'immeuble tombe-t-il au lot de celui qui l'a grevé, l'hypothèque subsiste; elle disparaît, au contraire, dans l'hypothèse inverse, par la raison qu'elle a été constituée *a non domino*.

L'hypothèque qui s'évanouit, par suite de l'attribution de l'immeuble grevé au lot d'un cohéritier autre que le constituant, ne revit-elle pas au moins de plein droit sur les biens que le partage fait obtenir à l'héritier débiteur ? Il faut, pour résoudre cette question, distinguer entre les hypothèques générales d'une part et les hypothèques spéciales de l'autre. Quant aux hypothèques légales et judiciaires qui portent sur tous les biens présents et à venir du débiteur, il est évident qu'elles doivent frapper les immeubles échus au lot de l'héritier. Il en faut dire autant de l'hypothèque conventionnelle, si elle a été constituée sur chacun des immeubles de la succession nominativement désignés. Mais si le débiteur n'a affecté spécialement qu'un immeuble qui lui échappe lorsque plus tard on procède au partage, l'hypothèque s'éteint et ne saurait être transportée sur les biens attribués à l'héritier. Le principe de la spécialité proclamé par l'art. 2120 cantonne pour ainsi dire l'hypothèque sur un immeuble déterminé, et s'oppose à ce qu'elle passe de plein droit d'un fonds sur un autre.

Le créancier, qui voit ainsi disparaître son gage hypothécaire par l'effet du partage ou de la licitation, a-t-il le droit d'invoquer l'art. 2131 et de poursuivre immédiatement le remboursement de la créance ou d'obtenir un supplément d'hypothèque ? On peut dire, en faveur de l'affirmative : l'art. 2131 n'exige pas que les immeubles hypothéqués aient péri ou aient éprouvé des dégradations par la faute du débiteur ; l'hypothèse de la loi se trouve réalisée dès que les immeubles sont de fait, et n'importe par quelle cause, devenus insuffisants pour la sûreté de la créance. L'art. 2020 a appliqué ce principe d'équité à la caution soit volontaire, soit judiciaire ; cet article décide que si la caution solvable au moment où elle a été reçue par le créancier devient ensuite insolvable même sans la faute du débiteur, celui-ci est tenu d'en fournir une autre. Quelle que soit la valeur de ces raisons, nous ne croyons pas qu'elles puissent influer sur la solution de notre espèce. En effet, qu'est-il arrivé en vertu de l'art. 883 ? Le débiteur est considéré comme n'ayant jamais eu la propriété de l'immeuble; par conséquent, le créancier doit être réputé n'avoir jamais eu d'hypothèque sur cet immeuble. Il n'a donc pas éprouvé de diminution dans son gage hypothécaire, il est plus exact de dire que ce gage n'a jamais existé. Dès lors, nous sommes loin du cas prévu par l'art. 2131. Ajoutons que le créancier ne saurait être fondé à se plaindre : la disparition des sûretés hypothécaires a été le résultat d'événements qui devaient nécessairement entrer dans ses prévisions, et ce n'est point au secours d'une telle situation que le législateur a voulu venir. Ainsi, j'avais sur l'immeuble que je vous ai hypothéqué un droit de propriété suspendu par une condition, ou bien encore cet immeuble était grevé entre mes mains de la clause de réméré qu'avait stipulée mon vendeur. Depuis la formation du contrat hypothécaire, la condition sous laquelle j'étais propriétaire a défailli, ou mon vendeur a usé de la faculté de rachat qu'il s'était réservée : votre gage hypothécaire est perdu, et cependant vous ne pourrez pas recourir à l'art. 2131, parce que vous avez su que, propriétaire sous condition suspensive ou résolutoire, je ne pouvais vous concéder qu'une hypothèque soumise aux mêmes conditions, et vous avez dû prévoir la disparition de votre gage. De même, le créancier qui s'est fait consentir une hypothèque sur un immeuble indivis devait savoir que cette hypothèque était tout à fait éventuelle et sujette à s'évanouir par l'effet du partage. Aussi la Cour de Caen a-t-elle décidé que, lorsque par suite d'une licitation entre cohéritiers quelques-uns d'entre eux se sont rendus adjudicataires des immeubles de la succession, le créancier qui avait une hypothèque sur la part indivise du cohéritier non adjudicataire n'est pas fondé à invoquer le bénéfice de l'art. 2131 [1].

La même solution doit-elle être adoptée dans le cas où les immeubles, au lieu d'être attribués à l'un des cohéritiers par l'effet d'une licitation, l'ont été au moyen d'un partage ordinaire ? La raison de douter, c'est que chaque héritier pouvait alors demander sa part en nature des immeubles ; il semble donc qu'il y a faute de la part du débiteur, si son lot ne comprend pas d'immeubles, et que par suite l'hypothèque de son créancier se trouve anéantie. Mais on a répondu que le droit d'exiger une portion des immeubles en nature est un droit purement facultatif, auquel chaque cohéritier est libre de renoncer si sa fantaisie ou ses intérêts l'y portent. Du reste, une pareille renonciation est souvent nécessaire pour faciliter les opérations du partage et éviter les frais d'une licitation. L'héritier ne fait qu'user d'un droit en consentant à ce que les lots soient composés de telle façon plutôt que de telle autre ; il ne saurait donc

1. Caen, 25 fév. 1837. *Dev.* 38, 2, 154.

commettre de faute en ne prenant pour sa part que des meubles. Le créancier est victime de sa propre négligence : que ne s'opposait-il, comme la loi le lui permet, à ce qu'on procédât au partage hors de sa présence ? S'il a négligé de recourir à ce moyen conservateur de ses droits, il ne doit pas être admis à reprocher à son débiteur de n'avoir pas réclamé sa part des immeubles, et dès lors, il ne peut exiger de nouvelles sûretés en remplacement de son hypothèque anéantie par le partage.

Supposons maintenant que l'immeuble grevé tombe au lot du constituant. L'hypothèque portera-t-elle seulement sur la part indivise qu'avait le débiteur avant le partage, ou bien frappera-t-elle l'immeuble tout entier ? C'est là une question qu'on devra le plus souvent résoudre en consultant les termes de l'acte constitutif d'hypothèque. La Cour de Paris avait jugé que l'hypothèque consentie pendant l'indivision par l'un des copropriétaires d'un immeuble sur la moitié qui lui appartenait s'étendait à la totalité, lorsque par le résultat du partage ou de la licitation l'immeuble tout entier se trouvait compris dans son lot [1]. Mais la Cour Suprême [2] a cassé cet arrêt, pour avoir violé le principe de la spécialité, qui régit les hypothèques conventionnelles. Le créancier prétendrait en vain que par la fiction de l'art. 883 la totalité de l'immeuble est censée avoir toujours appartenu à l'héritier : l'hypothèque ne peut frapper que les biens qui lui ont été nominative-

1. *Arrêt du 26 janv. 1824.*
2. 6 Déc. 1826, *Journ. du P.*, tom. xx, p. 1000.

ment soumis; or, le copropriétaire, dans l'espèce, n'avait entendu affecter que la moitié indivise qui lui appartenait alors. Mais il peut arriver qu'un copropriétaire ait hypothéqué la totalité de l'immeuble commun; l'art. 2125 lui en confère le droit. Si l'immeuble tombe tout entier dans son lot, l'hypothèque portera sur la totalité. C'est donc la volonté des parties qu'il faut interroger avant tout; si les termes trop obscurs de l'acte constitutif ne permettent pas de la saisir, on devra décider que l'hypothèque portera sur l'immeuble entier, car il est naturel de penser que les parties ont voulu se référer au partage, et constituer une hypothèque dont le sort dépendra des éventualités de ce partage, qui sera nulle ou valable pour le tout.

Lorsqu'un des cohéritiers a constitué une hypothèque sur sa part indivise dans un immeuble héréditaire, et que cet immeuble a été adjugé sur licitation à un autre héritier, les droits du créancier hypothécaire sont-ils complétement anéantis? Quelques auteurs ont soutenu que la portion du prix de licitation revenant au constituant devait être répartie comme valeur immobilière et assignée au créancier hypothécaire de préférence aux créanciers simplement chirographaires. Suivant eux, la fiction de l'art. 883 n'a été établie que dans l'intérêt des communistes, elle a seulement pour but de prévenir les recours auxquels donnait lieu l'application du système romain. Or, le vœu de la loi se trouve rempli, lorsque les hypothèques consenties par un communiste autre que l'adjudicataire sont éteintes en tant que charges grevant l'immeuble; l'adjudicataire, en effet, n'a plus à craindre de poursuites de la part des créanciers hypothécaires. Mais là se bornent les effets de l'art. 883, qui n'est plus opposable aux tiers qui n'invoquent qu'un droit de préférence sur le prix de l'adjudication. Ce prix doit prendre la place de la partie équivalente de l'effet successoral, et remplir le même rôle dans le rapport des tiers créanciers, que la loi n'a point voulu frapper sans nécessité, sans profit pour le communiste détenteur; il sera donc réparti par voie d'ordre et non de contribution. En un mot, le droit de suite est anéanti, parce que l'intérêt des communistes l'exige; mais le droit de préférence subsiste, en sorte que les créanciers chirographaires de l'héritier qui a constitué l'hypothèque ne sont pas admis à se prévaloir contre les créanciers hypothécaires de la fiction de l'article 883. Ce système a été consacré par un arrêt de la Cour d'Aix [1]; mais nous n'hésitons pas à le repousser par le motif, que l'art. 883 établit une règle absolue, destinée à régir les rapports des créanciers personnels de l'un des cohéritiers, non moins que ceux des cohéritiers entre eux. L'héritier non adjudicataire étant censé n'avoir jamais eu aucun droit de propriété sur l'immeuble licité, l'hypothèque qu'il a consentie doit être réputée n'avoir jamais existé; le créancier ne peut donc pas invoquer ce droit d'hypothèque pour se faire colloquer sur le prix de l'adjudication par préférence aux créanciers chirographaires.

Ce n'est pas seulement l'hypothèque qui s'évanouit par l'effet déclaratif du partage lorsque l'immeuble de la succession ne tombe pas dans le lot du cohéritier qui

1. Aix, 23 janv. 1835: Sirey, 35, 2, 267.

l'a grevé pendant l'indivision : il en est de même de toute autre charge, telle qu'une servitude, un droit d'usufruit, d'usage. La destinée de ces différents droits est subordonnée à l'événement du partage ; supposons, par exemple, que l'un des copropriétaires d'un étang le grève d'une servitude de prise d'eau au profit d'un immeuble riverain : si, par l'effet du partage, la portion de l'étang contiguë à cet immeuble est attribuée à un autre communiste, la concession de servitude demeure sans effet [1].

Faut-il appliquer à l'aliénation de la propriété intégrale la décision que nous venons de donner relativement aux concessions de démembrements de la propriété ? En d'autres termes, les acquéreurs à titre particulier de la part d'un cohéritier dans certains immeubles de la succession sont-ils, comme les créanciers qui ont des hypothèques sur ces mêmes biens, soumis aux chances du partage ? Nous n'hésitons pas à adopter l'affirmative : le principe proclamé par l'art. 883 ne permet pas à un héritier d'aliéner irrévocablement la part indivise qui lui appartient dans un immeuble de la succession. Le sort de l'aliénation dépend entièrement du résultat du partage ; elle sera valable si l'immeuble tombe dans le lot du vendeur, résolue, au conraire, si ce même immeuble tombe dans un autre lot. Supposons que trois héritiers, Primus, Secundus et Tertius, aient à partager une succession qui comprend trois immeubles, A, B, C. Primus vend à un tiers, Quartus, le droit indivis qu'il a sur l'immeuble A. Cette

1. *Arrêt de Limoges*, 23 *juin* 1838.

vente est-elle valable? Oui, si l'immeuble est attribué par le partage à Primus; non, s'il échoit à un autre héritier ; dans ce cas, en effet, Primus est censé n'avoir jamais eu aucun droit sur l'immeuble, il n'a donc pas pu l'aliéner. Telle est la solution qui découle naturellement et des termes et de l'esprit de l'art. 883; cependant il s'est trouvé, pour soutenir la thèse contraire, des esprits ingénieux et exercés aux controverses subtiles. Suivant M. Ferry, l'aliénation consentie par Primus est irrévocable, et aucun événement n'en peut infirmer la validité; c'est à tort qu'on la déclare conditionnelle, en supposant que l'immeuble aliéné doit être compris dans le partage que les héritiers font entre eux. L'immeuble A, dans notre espèce, a cessé d'être indivis entre Primus et ses cohéritiers, puisque Primus a transmis à Quartus les droits qu'il avait sur cet immeuble; l'indivision existe désormais entre Quartus et les cohéritiers de Primus, c'est donc entre eux que devra s'opérer le partage de l'immeuble A. Quant à Primus, il doit rester complétement étranger à ce partage; on ne saurait donc invoquer la fiction de l'art. 883, pour prétendre qu'il n'a jamais eu aucun droit sur l'immeuble. Il y a une grande différence entre le cas où un héritier vend sa part indivise et le cas où il la grève d'une hypothèque ou d'un autre droit réel; par l'aliénation de sa part dans un objet héréditaire, il cesse d'être, quant à cet objet, copropriétaire avec les autres héritiers : de là cette conséquence nécessaire que, l'indivision n'existant plus, il n'y a plus de partage possible avec le cohéritier vendeur, et par conséquent pas d'application de l'art. 883. Au contraire, le cohéritier qui consent une hypothèque ne renonce pas à son droit de copropriété, les biens hypothéqués par lui n'en seront pas moins compris dans la masse partageable, et, le partage une fois consommé, l'art 883 leur sera applicable. Trouvera-t-on étrange que l'aliénation de la propriété intégrale soit toujours maintenue, tandis que la concession d'une hypothèque ou de tout autre droit réel est soumise à une condition résolutoire? Mais la loi consacre, en matière de rapport, le même résultat : ne voyons-nous pas, en effet, l'art. 860 maintenir l'aliénation de l'immeuble soumis au rapport? Et cependant les hypothèques et autres charges réelles consenties avant l'ouverture de la succession par l'héritier donataire sont révoquées lorsque l'immeuble donné tombe au lot d'un autre héritier. M. Ferry appelle même les textes du droit romain à l'appui de cette spécieuse argumentation : il cite plusieurs lois du *Dig.* qui décident que les objets aliénés ne sont pas compris dans le partage des choses héréditaires; et comme cette solution n'a rien de commun, suivant lui, avec les effets du partage, elle ne saurait être rejetée dans notre droit, sous prétexte que le caractère et les effets du partage sont, chez nous, entièrement opposés à ce qu'ils étaient dans la législation romaine. Nous pensons, au contraire, que les décisions invoquées par M. Ferry découlent du caractère translatif du partage en droit romain : si l'aliénation consentie par l'un des cohéritiers est valable, c'est que le partage, quel qu'en soit le résultat, n'anéantit point dans le passé les droits que le vendeur a eus sur l'objet aliéné ; il n'est donc pas étonnant que l'indivision cesse, quant à cet objet, entre les héritiers. En est-il ainsi dans notre droit? M. Ferry se borne à l'affirmer, mais il ne le prouve pas, et le raisonnement qui sert de base à son système est une pure pétition de principe. Il dit, en effet, dans l'espèce que nous avons posée plus haut : l'immeuble A n'est plus indivis entre Primus et ses cohéritiers, parce que Quartus a succédé aux droits de Primus sur cet immeuble. Mais cette transmission de droits n'a pu s'opérer que si la vente faite par Primus est valable. — Le point essentiel à mettre en lumière est justement la validité de cette vente ; or, M. Ferry ne s'en préoccupe pas, il suppose démontré ce qui est en question. Cependant Primus n'a pu transmettre à son ayant-cause des droits plus étendus que ceux qu'il avait lui-même ; il n'était propriétaire de l'immeuble A qu'à la condition de le comprendre dans la masse partageable et de courir les chances du partage. L'acquéreur n'a reçu de lui qu'une propriété soumise à la même condition ; il est donc tenu de se conformer au résultat du partage, et par conséquent la vente sera nulle si l'immeuble vendu n'est pas attribué au cohéritier vendeur. Cette doctrine nous paraît confirmée par la disposition de l'art. 2205, qui défend aux créanciers hypothécaires de poursuivre l'expropriation de la part indivise de leur débiteur dans les immeubles d'une succession. La loi veut que le partage précède la saisie parce que cette saisie serait anéantie si l'immeuble sur lequel elle est pratiquée ne tombait pas au lot du débiteur.

M. Ferry n'a point songé que si l'on voulait pousser son système jusqu'à ses dernières conséquences, on arriverait à rayer l'art. 883 du Code, et à proclamer en toutes circonstances la validité des hypothèques ou autres charges réelles établies pendant l'indivision aussi bien que celle des aliénations totales. Je suppose, en effet, que Primus ait constitué au profit de Quartus un droit d'usufruit sur la portion indivise qu'il a dans l'immeuble A ; ne pourrait-on pas dire que cet immeuble, en ce qui concerne l'usufruit, a cessé d'être indivis entre Primus et ses cohéritiers, que l'indivision existe désormais entre Quartus et les cohéritiers de Primus, et que c'est entre eux, par conséquent, que doit avoir lieu le partage quant à l'usufruit de l'immeuble A ? M. Ferry semble avoir reculé devant un tel résultat. Mais n'est-ce pas tomber dans une singulière contradiction, que de révoquer les hypothèques qui pèsent sur des biens indivis, lorsqu'ils n'échoient pas au débiteur, et de maintenir l'aliénation de la propriété de ces mêmes biens. Sur quoi repose cette distinction profonde entre l'aliénation de la propriété et la concession d'un usufruit, d'une servitude ? Qu'est-ce que la propriété ? Le premier et le plus étendu des droits réels. Nous savons que législateur, en édictant l'art. 883, s'est proposé d'empêcher les recours entre héritiers ; or, ce but se trouverait manqué, si l'un des héritiers pouvait être évincé de son lot par suite de l'aliénation consentie par un autre héritier. Chose étrange ! la théorie romaine, dont on voulait éviter les inconvénients, aurait été en partie maintenue dans nos lois ! Quel défaut de prévoyance et de logique auraient montré les rédacteurs du Code ! Ajoutons que les aliénations d'immeubles n'étaient pas sous l'empire de la loi de 1804 assujetties comme les hypothèques à un régime de publicité ; les copartageants n'avaient aucun moyen de connaître la cession faite par l'un d'eux dans un immeuble héréditaire, ils ne pouvaient donc pas se prémunir contre les conséquences fâcheuses qu'eût entraînées cette cession dans le système de M. Ferry. Il leur était facile, au contraire, de savoir si des hypothèques avaient été consenties pendant l'indivision par un des communistes, et de se soustraire à tout danger d'éviction, en refusant de recevoir l'immeuble grevé dans leur lot. Or, si le législateur a cru devoir garantir les cohéritiers à l'aide de la fiction de l'art. 883 lorsqu'il s'agit d'hypothèques, a-t-il pu ne pas venir à leur secours dans le cas d'une aliénation qui, du moins avant la loi du 23 mars 1855, compromettait bien plus gravement la sécurité des partages? La doctrine enseignée par M. Ferry causerait d'ailleurs aux cohéritiers un sérieux préjudice: elle les forcerait à faire autant de partages partiels qu'il aurait plu à l'un ou à plusieurs d'entre eux de consentir d'aliénations de leurs parts indivises dans les immeubles de la succession. Aussi a-t-elle été condamnée par un arrêt de cassation du 13 février 1838, qui consacre en ces termes les principes que nous avons soutenus: « Attendu qu'on ne peut reconnaître aucun propriétaire entre le défunt et celui de ses héritiers à qui le partage attribue tel effet de la succession; qu'il suit de là que les hypothèques conférées par tout autre cohéritier, ainsi que toute cession ou vente de sa part dans cet effet, s'évanouissent devant la propriété du cohéritier saisi par le partage ou la licitation, lesquels ne sont point attributifs, mais déclaratifs de propriété ». Ce même arrêt décide avec raison que la purge opérée par l'acquéreur de la part indivise de l'un des cohéritiers dans un immeuble héréditaire est subordonnée à l'événement ultérieur du partage, et que dès lors elle doit être considérée comme non avenue s'il arrive que l'immeuble tombe au lot d'un autre cohéritier par le résultat du partage ou d'une adjudication sur licitation.

Un arrêt de la Cour de Poitiers, confirmé par la Cour de cassation, présente une remarquable application du principe de l'art. 883 en matière de legs. Je reproduis l'espèce de l'arrêt : une testatrice avait légué sa moitié indivise dans un moulin, et sa moitié indivise dans une métairie. Le partage du moulin et de la métairie s'opère avant le décès de la testatrice, qui obtient la totalité de la métairie, tandis que le moulin échoit à ses copropriétaires. La testatrice meurt ensuite sans avoir modifié son testament. Le legs de la moitié du moulin se trouve anéanti, puisqu'aucune partie de ce moulin n'est arrivée à la testatrice par l'effet du partage. Les légataires ayant demandé que la moitié du moulin leur fût accordée, la Cour de Poitiers rejeta leurs prétentions, par la raison que la testatrice était censée n'avoir jamais eu de droits sur le moulin. Le legs qu'elle avait fait à cet égard était donc nul, comme legs de la chose d'autrui. Reste le legs de la moitié indivise de la métairie : or, de même que l'hypothèque concédée sur la moitié indivise d'un immeuble héréditaire ne saurait s'étendre à la totalité de cet immeuble, dans le cas où il tomberait tout entier dans le lot du débiteur, de même nous devons décider ici que les légataires auront droit seulement à la moitié de la métairie.

### § II. — *De l'action résolutoire et de la folle enchère.*

Il résulte encore de l'art. 883 que les licitations, ventes ou cessions qui y sont assimilées, ne sont pas soumises à l'action résolutoire pour défaut de payement de la soulte ou du prix de la part du cohéritier qui en est débiteur. Nous savons, en effet, qu'un acte de partage ou tout autre acte ayant pour objet de mettre fin à l'indivision, n'a ni le caractère, ni les effets d'une vente; on ne peut donc argumenter par analogie de l'art. 1654 pour en demander la résolution, dans l'hypothèse où la loi permet que la vente soit résolue. Quant à l'action en résolution des contrats synallagmatiques autorisée en général pour le cas où l'une des parties ne satisfait pas à son engagement, elle ne saurait être admise à l'égard des actes portant partage. Ces sortes d'actes sont moins l'effet de la volonté libre des parties, que de la nécessité de faire cesser l'indivision ; on ne peut les ranger dans la classe des contrats synallagmatiques. Sans doute, il en était autrement dans le système des lois romaines, mais le législateur moderne a posé dans l'art. 883 un principe nouveau, en vertu duquel les copartageants sont censés ne rien tenir les uns des autres, et avoir reçu du défunt la totalité des objets qui composent leurs lots. Ce serait donc méconnaître l'esprit de l'article 883, que d'accorder aux copartageants une action qui impliquerait que l'un d'eux tient quelque chose des autres. Une autre considération vient à l'appui de notre opinion : le partage fixe souvent le sort et l'état de plusieurs familles; il ne pourrait, sans les inconvénients les plus graves, être rescindé pour une inexécution quelconque de la part de l'un des copartageants. En effet, deux copartageants de mauvaise foi n'auraient qu'à s'entendre pour faire résoudre malgré la résistance des autres le partage qui ne leur conviendrait plus : l'un refuserait de payer la soulte qu'il doit, l'autre en prendrait prétexte pour demander la résolution d'un partage qui a réglé d'une manière équitable les droits de chacun.

Mais si les principes de notre droit s'opposent à ce que l'on puisse annuler les partages par l'effet d'une condition résolutoire. tacite, repoussent-ils avec la même force la clause expresse de résolution ? En un mot, des copartageants ne peuvent-ils pas, par une clause formellement exprimée, stipuler que le partage sera résolu dans le cas où l'un d'eux ne remplirait pas les engagements qui lui sont imposés ? La Cour de Rouen, par arrêt du 18 juin 1841 [1], a jugé que cette clause était incompatible avec le caractère et les effets essentiels du partage, tels qu'ils sont définis et réglés par le Code civil, et qu'elle empêcherait la loi d'atteindre le but qu'elle s'est proposé. Le partage est un acte qui intéresse au plus haut point l'ordre public ; il importe à la paix des familles, à la sécurité des tiers, à la stabilité de la propriété, que les parties ne puissent en altérer le caractère ni déroger au principe de l'article 883; si l'on autorisait les clauses qui ont pour objet d'écarter ce principe, elles deviendraient de style, et l'on ne tarderait pas à être privé des avantages qui découlent de la règle de l'effet déclaratif. Loin d'être convaincu par cette argumentation, nous n'hésitons pas à proclamer la validité de la clause dont il s'agit : à notre avis, elle n'a rien de contraire à l'ordre public, et ne porte pas la plus légère atteinte à la nature juri-

1. *Dev.* 1841, 2, 471.

dique du partage. Il est incontestable qu'aucune disposition législative n'enlève aux communistes la faculté de faire un partage conditionnel, en d'autres termes de subordonner l'existence même du partage et par là les effets qu'il doit produire à l'événement de conditions déterminées. Or, la clause qui nous occupe ne fait que soumettre le partage à une condition résolutoire, mais elle ne détruit pas le caractère déclaratif dont il est revêtu, et dont la loi ne veut pas qu'on le dépouille. Il sera déclaratif, tant qu'il ne sera pas résolu ; dans ce cas, toutes les conséquences de la règle posée par l'art. 883 devront être appliquées. Au contraire, si la condition résolutoire s'accomplit, le partage sera censé n'avoir jamais existé ; dès lors, il n'y aura pas lieu de s'occuper de l'art 883. Telle est la doctrine adoptée par la Cour de cassation : par arrêt du 6 janvier 1846, elle a cassé l'arrêt de la Cour de Rouen que nous avons combattu.

Le cohéritier qui s'est rendu adjucataire sur licitation d'un immeuble de la succession est-il soumis à la revente sur folle enchère, soit pour défaut de payement du prix dû à ses cohéritiers, soit pour inexécution des clauses imposées par le cahier des charges ? Deux arrêts de la Cour de Bordeaux ont avec raison consacré la négative [1]. En effet, l'adjudication sur licitation au profit d'un cohéritier ne constitue pas une vente : aux termes de l'art. 883, c'est un acte purement déclaratif de propriété. L'héritier adjudicataire n'est donc pas acquéreur dans l'acception légale de ce mot, puisque son droit de propriété est

1. Mars 1833, *Dev.* 34, 2, 23. — Mars 1834, *Dev.* 34, 2, 461.

réputé antérieur à l'adjudication : aussi ne doit-il pas être assujetti aux chances de la folle enchère qui est une voie d'exécution établie en faveur des vendeurs non payés. Suivant nous, il n'y a pas lieu de distinguer si l'adjudication fait cesser l'indivision entre tous les cohéritiers, ou seulement à l'égard de quelques-uns d'entre eux ; toutes les fois qu'elle est faite au profit d'un cohéritier, elle n'a pas le caractère d'une vente, et par conséquent la résolution par voie de folle enchère n'est pas admissible.

Mais si le principe posé par l'art. 883 ne permet pas de recourir à la folle enchère contre l'héritier adjudicataire, ce principe est-il absolu au point de n'admettre aucune exception, et les cohéritiers ne pourraient-ils pas stipuler dans le cahier des charges que celui d'entre eux qui se rendra adjudicataire sera soumis, comme tout adjudicataire étranger, à la poursuite de folle enchère? Un arrêt de Limoges et deux arrêts de Bordeaux ont déclaré cette stipulation valable et obligatoire ; nous ne voyons en effet rien d'illicite dans cette précaution prise par les copartageants pour garantir leurs droits en cas d'inexécution des conditions du cahier des charges.

### § III. — *Influence de l'art. 883 sur la communauté et sur le régime dotal.*

Nous venons d'examiner les effets de l'art. 883 dans les rapports des cohéritiers entre eux ou avec leurs ayants-cause ; il nous reste à rechercher si la règle du partage déclaratif est applicable en ce qui concerne les tiers qui ne sont pas, comme ayants-cause de l'un des cohéritiers, en relation avec les autres cohéritiers. Pour nous, l'affirmative ne saurait être douteuse : la règle posée par l'art. 883 est générale et absolue ; le partage doit conserver partout et à l'égard de tous le caractère déclaratif dont la loi le revêt. C'est donc au moyen de l'art. 883 qu'il faudra régler les droits respectifs de l'un des héritiers et des tiers avec lesquels il se trouve en relation de société ou de communauté. Ainsi, lorsqu'un copartageant est marié sous le régime de la communauté légale, il faut s'attacher uniquement au résultat du partage pour déterminer quels biens resteront propres à l'époux héritier, ou entreront dans la communauté. Les objets échus à l'époux doivent ou non tomber dans la communauté, suivant qu'ils sont mobiliers ou immobiliers, sans égard à la valeur comparative des meubles et des immeubles héréditaires. Un exemple va servir à préciser notre pensée. Supposons que Primus, soumis au régime de la communauté légale, soit appelé à une succession qui se compose de 50,000 fr. de rentes sur l'Etat, et d'une maison d'égale valeur. Primus obtient la maison par l'effet du partage, tandis que son cohéritier reçoit dans son lot les rentes sur l'Etat. L'immeuble attribué à Primus lui demeurera propre en entier, sans que la communauté puisse prétendre que la moitié de cet immeuble représente des valeurs mobilières, et que par suite une récompense de 25,000 fr. lui est due. Si l'on suppose au contraire que Primus n'obtient que des meubles, c'est-à-dire les 50,000 fr. de rentes sur l'Etat, qui se trouvent dans la succession, sa part tout entière tombera dans l'actif de la communauté, sans qu'il ait droit à récompense. En vertu de l'art. 883, il est en effet censé n'avoir succédé dans la première hypothèse qu'à des immeubles et dans la seconde qu'à des meubles ; or, aux termes des articles 1401 et 1404, la communauté comprend les meubles qui échoient aux époux à titre de succession pendant le mariage, tandis que les immeubles échus au même titre demeurent propres à l'époux héritier.

Nous savons que le partage avec soulte et la licitation ont, comme le partage en nature, un caractère purement déclaratif : aussi pensons-nous que la part revenant à l'époux héritier, à titre de soulte ou de prix, par suite du partage ou de la licitation des immeubles héréditaires, doit tomber dans l'actif de la communauté. Cette décision nous paraît être une conséquence nécessaire du principe proclamé par l'art. 883, en vertu duquel l'époux est censé avoir succédé seul aux deniers que le partage lui fait obtenir, et n'avoir jamais eu aucun droit sur l'immeuble échu à ses cohéritiers. On objectera sans doute qu'en matière de communauté, on a égard à la cause et non à l'objet de la créance, et que l'on considère comme propre tout ce qui pendant le mariage prend la place d'un propre. Mais ce principe n'est point applicable à notre hypothèse, car, d'après l'art. 883, la soulte ne remplace pas un immeuble sur lequel le copartageant est réputé n'avoir jamais eu aucun droit ; elle n'est pas substituée à une valeur immobilière; elle doit donc entrer en communauté, sans donner lieu à récompense au profit de l'époux. Les adversaires de notre système insistent : ils font remarquer que, dans une succession purement immobilière, la soulte est puisée dans la bourse du cohéritier débiteur, et qu'elle n'est pas un simple effet mobilier de la succession, auquel on puisse dire que le conjoint a succédé. Je réponds qu'en cette matière la réalité s'efface devant la fiction; l'art. 883 a précisément pour but de faire considérer la somme reçue à titre de soulte comme une valeur de la succession que l'époux héritier tient directement du défunt.

La doctrine que nous venons d'exposer a été vivement combattue. Dans un premier système, on enseigne que l'art. 883 doit demeurer complétement étranger au règlement des droits respectifs de l'époux et de la communauté. Tel était l'avis de Lebrun dans l'ancienne jurisprudence : « On doit ici, disait-il, se défaire de tous les préjugés de la matière des successions, et il ne s'agit plus de dire que les partages ont un effet rétroactif, qu'on est censé avoir eu au moment du décès ce qu'on a dans l'événement des partages; ces raisons sont hors d'œuvre en fait de récompenses de communauté, qui ne touchent point aux partages de successions, et les laissent comme ils sont, mais qui indemnisent le conjoint de ce qu'il devait avoir, et sont un remède nécessaire pour conserver l'égalité entre conjoints »[1]. MM. Aubry et Rau ont soutenu de nos jours la même opinion que Lebrun; suivant eux, le montant de la soulte ou du prix de licitation revenant à l'époux par suite du partage ou de la licitation d'un immeuble héréditaire ne doit pas être considérée comme chose purement

1. LEBRUN, *De la communauté*, liv. I, ch. 5, sect. 2, distinct. 1, nos 78 à 81.

mobilière et tombant à ce titre dans la communauté ; elle continue à représenter l'immeuble, et dès lors il y a lieu au prélèvement de ce prix sur la communauté au profit de l'époux. Si l'un des conjoints est appelé à une succession composée de meubles et d'immeubles, la question de savoir dans quelle proportion sa part héréditaire tombera dans la communauté ou lui restera propre, doit se résoudre d'après la valeur comparative des meubles et des immeubles héréditaires. Ainsi, supposons que la succession se compose de meubles pour un cinquième, et d'immeubles pour quatre cinquièmes : si l'époux n'obtient par l'effet du partage que des meubles, sa part ne tombera dans la communauté qu'à charge de récompense pour les quatre cinquièmes. En effet, dès lors qu'on déclare inapplicable en cette hypothèse la fiction de l'art. 883, on ne peut plus dire que l'époux est censé n'avoir succédé qu'à des meubles. L'ouverture de la succession a fait naître à son profit un droit indivis sur chacun des meubles et des immeubles de la succession ; il a cédé le droit indivis qu'il avait sur les immeubles en échange d'un droit exclusif sur des meubles. La communauté ne prendra donc pas, sans l'indemniser, les biens mobiliers qui composent son lot, puisque ces biens sont en partie la représentation d'un droit immobilier : autrement, elle s'enrichirait à ses dépens au mépris de l'art. 1437 du Code Napoléon. — Dans notre système, au contraire, l'époux verrait tomber dans la communauté la totalité de son lot, sans pouvoir réclamer aucune indemnité. Les auteurs que nous avons cités tirent de ce résultat un de leurs principaux arguments. Ils disent que l'application de l'article 883 aux relations des époux et de la communauté est de nature à porter une grave atteinte aux principes consacrés par les art. 1096 et 1437; elle favorise les avantages indirects et irrévocables entre époux, que le législateur a sagement prohibés. Ainsi, dans le cas d'une succession entièrement immobilière, des licitations dont aucune n'aurait lieu au profit de l'époux cohéritier feraient tomber dans la communauté la totalité de ses droits héréditaires, et par conséquent rendrait l'autre époux copropriétaire de ce qui devait exclusivement appartenir à son conjoint et aux ayants-cause de celui-ci. Nous reconnaissons la valeur de cette objection; mais si notre système peut quelquefois avoir des conséquences fâcheuses, il se recommande par une extrême simplicité, par la facilité avec laquelle il permet de déterminer les droits respectifs de l'époux et de la communauté. Dans le système opposé, il n'est possible de fixer la part de l'époux et celle de la communauté qu'après un calcul compliqué, qui sera la source de contestations fréquentes : il faudra rechercher dans quelle proportion les meubles et les immeubles composent la succession et le lot échu à l'époux, et, si légère que soit la différence que présentent la composition de ce lot et celle de la succession, récompense sera due soit par l'époux à la communauté, soit par la communauté à l'époux. Le danger de ces calculs difficiles et irritants n'avait point échappé à Bourjon, qui dans l'ancien droit professait la doctrine que nous avons adoptée : « Il faut, disait-il, à l'égard de la communauté, s'en tenir aux opérations du partage, à moins que la fraude ne soit évidente; autrement, ce serait enter contestation sur contestation, et en faire renaître une que toute une famille a éteinte par son concours[1] ». Ajoutons que tout en appliquant l'art. 883 au règlement des droits de l'époux et de la communauté, on doit veiller avec un soin jaloux au respect des art. 1096 et 1437, et déclarer nul tout partage qui révélerait un concert frauduleux pour avantager la communauté aux dépens de l'époux, ou l'époux aux dépens de la communauté.

Le système précédent refuse à l'art. 883 toute influence sur la composition de la communauté. Une troisième doctrine moins absolue enseigne que l'art. 883 doit servir dans certains cas à déterminer les droits respectifs des époux, dont l'un se trouve appelé à un partage de succession. Ainsi le partage s'opère-t-il en nature, la règle de l'effet déclaratif reçoit une application pleine et entière : la portion de meubles échue à l'époux fût-elle plus considérable que celle qui devait lui revenir d'après la composition de la succession, tombera sans récompense dans la communauté ; de même tous les immeubles qui lui sont attribués lui demeureront propres, sans qu'il soit tenu d'indemniser la communauté. Dans ce cas, en effet, l'époux héritier, se trouvant rempli en objets héréditaires de ce qui devait lui revenir, est censé n'avoir jamais eu de droits que sur les objets compris dans son lot ; on ne saurait hésiter à admettre la fiction de l'art. 883. Mais il en est autrement dans le cas de partage avec soulte ou de licita-

1. BOURJON, *Droit commun de la France*, IIe partie, chap. 4, sect. 4, dist. 3, nos 66-69.

tion d'un immeuble héréditaire; la soulte et le prix de licitation payés à l'époux ne sont pas des effets de la succession, ils proviennent du patrimoine du cohéritier, qui en était débiteur; on ne peut donc pas dire que l'époux les tient directement du défunt, qui ne les a jamais eus. Dès lors l'art. 883 est inapplicable aux relations de l'époux et de la communauté; la somme reçue par l'époux doit être considérée comme la représentation d'un droit immobilier, et par conséquent elle ne tombera dans la communauté que sauf récompense. Telle était la doctrine enseignée par Pothier dans l'ancienne jurisprudence; il est donc probable que les rédacteurs du Code ont entendu la consacrer, car c'est principalement de Pothier qu'ils se sont inspirés en matière de communauté de biens entre époux. Quelle que soit l'autorité dont les opinions de Pothier doivent jouir, nous ne pensons pas qu'elles puissent prévaloir sur l'interprétation raisonnée des textes du Code. L'art. 883 assimile entièrement le partage en nature et le partage avec soulte ou licitation : il veut que ces divers modes de partage produisent un effet purement déclaratif. Donc, lorsqu'il s'agit du règlement des droits des époux, il faut pour être logique admettre ou rejeter pour le tout l'application de l'art. 883; mais le déclarer applicable en cas de partage en nature, et l'écarter dans l'hypothèse d'un partage avec soulte ou d'une licitation, n'est-ce pas établir une distinction tout à fait arbitraire, et que condamne le texte de la loi ? n'est-ce pas aussi faire dépendre d'un simple accident de partage la question de savoir si la soulte ou le prix de licitation doit tomber avec ou sans récompense dans la communauté ? En effet, les auteurs que nous combattons se fondent sur ce que la soulte ne constitue pas un corps héréditaire pour décider qu'elle ne tombe dans la communauté qu'à charge de récompense ; mais la plupart des successions se composent de meubles et d'immeubles, et le plus souvent l'héritier créancier d'une soulte ou d'un prix de licitation pour des immeubles échus ou adjugés à ses cohéritiers en est rempli au moyen de valeurs mobilières provenant de la succession. Dans ce cas, rien ne s'oppose à ce qu'on puisse dire que l'héritier tient directement du défunt les valeurs qui représentent la soulte ; l'art. 883 est donc applicable, et la soulte doit tomber sans récompense dans la communauté. L'opinion de Pothier qu'on invoque avait déjà dans l'ancien droit rencontré des contradicteurs ; Bourjon l'avait vivement critiquée : « L'une et l'autre question, disait-il, doivent se résoudre par le même principe... Il n'y a pas lieu à l'action de remploi, quoique la soulte tienne lieu d'une portion dans les immeubles, parce que le partage a un effet rétroactif, et que le conjoint est censé n'avoir jamais eu droit qu'en la soulte pour cette portion d'immeubles, dont elle tient lieu, sauf toujours l'effet de la fraude. » Telles sont les objections qu'on oppose au troisième système : elles n'ont pas empêché la jurisprudence de le consacrer par d'assez nombreuses décisions. On peut citer en ce sens un arrêt de la Cour de cassation du 11 décembre 1850 ; voici dans quelles circonstances cet arrêt a été rendu : une succession composée de meubles et d'immeubles était échue à trois héritiers, dont l'un était marié sous le régime de la communauté légale. La valeur des meubles ne dépassait pas 41,380 fr. ; l'époux héritier reçut pour sa part 100,000 fr. en argent [1]. La Cour de cassation décida que cette somme conservait, pour tout ce qui excédait 41,380 fr., le caractère immobilier, et ne pouvait tomber dans la communauté sans donner lieu à récompense; elle se fondait, comme Pothier, sur ce motif que la règle de l'effet déclaratif ne s'applique qu'aux valeurs héréditaires elles-mêmes, et non aux soultes qui peuvent être fournies à l'un des copartageants en dehors de l'hérédité pour compenser l'inégalité de son lot [2].

Nous avons supposé dans tout le cours de la discussion qui précède que l'adjudication avait été faite au profit d'un cohéritier; lorsque c'est un étranger qui se porte adjudicataire, la licitation ne peut plus être assimilée au partage, elle ne produit pas d'effet déclaratif. La somme qui revient à l'époux héritier pour prix de sa part indivise dans l'immeuble adjugé représente donc un droit immobilier ; elle ne saurait tomber sans récompense dans la communauté. Nous savons qu'il faut mettre sur la même ligne que le partage toute cession de droits successifs faite entre héritiers ; ainsi, lorsqu'un héritier cède à l'un de ses cohéritiers les droits indivis qu'il a dans une succession immobilière, le prix qu'il obtient tombe dans la communauté sans donner lieu à récompense.

L'art. 1408 présente une application intéressante de ce principe, que le partage ou tout acte qui en tient

1. *Dev.* 51, 1, 253.

2. *Voir* Caen 9 mars 1839, *Dev.* 1839, 2, 351. — Nancy 3 mars 1837, *Dev.* 39, 2, 202.

lieu est simplement déclaratif de propriété. Voici l'espèce prévue par cet article : un époux était avant le mariage ou devient depuis copropriétaire d'un immeuble. Il est bien entendu que la part indivise qu'il a dans cet immeuble constitue un propre aux termes de l'art. 1404. Pendant le mariage, l'époux se rend adjudicataire sur licitation de la part de son copropriétaire, ou bien il l'acquiert à tout autre titre, soit à l'amiable, soit par suite d'une transaction ; la portion nouvellement acquise tombe-t-elle dans la communauté ? L'affirmative ne serait pas douteuse, si l'on ne consultait que l'art. 1401, d'après lequel l'actif de la communauté comprend tous les immeubles acquis à titre onéreux pendant le mariage. Mais l'art. 1408 consacre une dérogation à la règle posée par l'art. 1401 ; il veut que la portion acquise reste propre à l'époux acquéreur, par ce motif qu'elle lui est arrivée par suite d'un partage, et que l'effet déclaratif se produit. L'époux n'est pas censé avoir fait une acquisition nouvelle ; la loi le considère comme ayant toujours été seul propriétaire de la totalité de l'immeuble. C'est ce qui résulte de la discussion engagée au conseil d'Etat au sujet de l'art 1408 : « Cette disposition, disait Tronchet, est fondée sur le principe général admis en matière de succession, que tout ce qui est recueilli à titre d'hérédité est propre, et que tout corps héréditaire adjugé à l'un des héritiers est censé avoir passé dans ses mains pour la totalité à ce titre ». Suivant la jurisprudence, la disposition de l'art. 1408 n'est point une conséquence de la rétroactivité du partage. « L'article 1408, dit un arrêt de la Cour de Rouen [1], n'est point

1. 19 Mars 1849.

dominé par l'art. 883, il forme un droit spécial, tenant à des considérations exceptionnelles, étrangères aux motifs qui ont dicté l'art. 883. » La même opinion se trouve exprimée en ces termes dans un arrêt de la Cour de cassation [1] : « L'arrêt attaqué fait une juste application de l'art. 1408, et n'a point violé l'art. 883, qui s'applique à un autre ordre d'idées ». Dans ce système, l'art. 1408 s'explique uniquement par cette considération, qu'il est urgent de faire cesser l'indivision : or, ce but ne serait pas atteint, si la portion d'immeuble acquise par l'époux tombait dans la communauté. L'époux ne ferait que changer de copropriétaire, et l'indivision, contrairement à l'intérêt public, tendrait à se perpétuer. Que le législateur en édictant l'article 1408 ait voulu empêcher une nouvelle indivision de se substituer à la première, c'est aussi notre avis ; mais les paroles de Tronchet que nous avons citées prouvent que la règle de l'effet déclaratif n'a pas été sans influence sur la rédaction de l'art. 1408.

On s'est demandé s'il était nécessaire, pour l'application de l'art. 1408, que l'acquisition faite par l'époux mît fin à l'indivision d'une manière absolue. Ainsi, lorsque l'époux acquiert seulement quelques-unes des parts indivises, ces parts lui seront-elles propres ou formeront-elles des conquêts? MM. Rodière et Paul Pont pensent qu'elles doivent tomber dans la communauté, parce que l'art. 1408 n'est qu'un corollaire de l'art. 883, et qu'il ne peut dès lors s'appliquer que dans les cas où ce dernier s'applique, c'est-à-dire dans l'hypothèse

1. *Cass.*, 30 janv. 1850, *Dev.* 1850, 1, 279.

d'un acte qui fait cesser entièrement l'indivision. Cette doctrine a été consacrée par un arrêt de la Cour de Paris du 3 décembre 1836[1] ; nous n'hésitons pas à la repousser, car nous avons démontré plus haut qu'il faut considérer comme équivalent à partage tout acte qui tend à faire cesser l'indivision dans une certaine mesure. Au reste, ce n'est point à l'art. 883 qu'il faut demander la solution de notre question : il suffit de consulter le texte et l'esprit de l'art. 1408, pour reconnaître combien il est conforme au vœu de la loi d'attribuer le caractère de propres même aux acquisitions qui laissent subsister en partie l'indivision. Cet article n'exige point en effet que l'époux acquière les parts de tous ses copropriétaires : il parle de toute acquisition de portion d'un immeuble, sans distinguer si la portion acquise forme ou non la totalité de ce qui n'appartenait pas à l'époux. Ne voit-on pas en outre que faire de cette part un conquêt, c'est manquer le but que s'est proposé la loi, c'est maintenir une indivision qu'elle voudrait voir cesser ? Au contraire, si l'acquisition faite par l'époux constitue un propre, l'indivision tend à prendre fin, puisqu'un des copropriétaires se trouve dès lors éliminé ; peut-être l'époux se rendra-t-il acquéreur des dernières parts indivises, et deviendra-t-il ainsi propriétaire exclusif de l'immeuble tout entier. Telle est la situation que la loi désire voir se réaliser, et que le système de M. Paul Pont rend tout à fait impossible.

Aux termes de l'art. 1476, le partage de communauté produit les mêmes effets que le partage de succession :

1. *Dev.* 1837, 2, 92.

chacun des époux est censé avoir toujours été seul propriétaire des objets compris dans son lot, et n'avoir jamais eu aucun droit sur les biens échus à l'autre époux. Tout le temps de l'indivision est rétroactivement effacé ; ce n'est donc pas seulement à la dissolution de la communauté, mais au jour même où les biens mis au lot de chaque époux sont entrés en communauté, que remontent les effets du partage. Toutefois il n'en résulte pas que les hypothèques consenties par le mari durant la communauté sur un immeuble conquêt soient anéanties, si l'immeuble passe entre les mains de la femme ; celle-ci ne sera point admise à répondre aux créanciers qui la poursuivent : l'immeuble que j'ai obtenu par l'effet du partage m'a toujours appartenu, mon mari n'y a jamais eu de droit, il n'a pas pu l'hypothèquer. D'où vient cette différence essentielle entre les partages de succession et ceux de communauté ? Elle résulte des pouvoirs étendus d'administration que la loi confère au mari sur les biens communs ; l'art. 1421 lui permet en effet d'hypothéquer ces biens sans le concours de la femme, d'en disposer comme un maître absolu, et non comme un communiste, dont les droits peuvent être résolus par suite d'un partage ultérieur.

La règle de l'effet déclaratif est applicable même sous le régime dotal : elle doit, dans certains cas, servir à déterminer la composition de la dot. Ainsi, je suppose qu'une femme, en se mariant sous le régime dotal, se constitue en dot tous ses immeubles présents. Elle est au moment du mariage copropriétaire d'un immeuble indivis; plus tard elle s'en rend adjudicataire sur licitation. L'immeuble sera-t-il frappé de dotalité pour le tout ? Oui, car la licitation produit un effet rétroactif, et la femme est censée avoir été propriétaire de la totalité de l'immeuble avant le mariage. Il en serait autrement, si elle avait déclaré se constituer sa part indivise dans l'immeuble ; cette part seule serait dotale ; l'immeuble demeurerait paraphernal pour le surplus. Décider le contraire, ce serait porter atteinte à ce principe, que la dot ne peut être constituée ni augmentée pendant le mariage.

### § IV. — *Conséquences de l'effet déclaratif du partage relativement à la prescription.*

Le partage ne crée pas de droits, il ne fait que déterminer des droits qui préexistent; en un mot il est déclaratif et non translatif de propriété : aussi ne peut-il pas constituer un juste titre susceptible de servir de fondement à la prescription de dix ou vingt ans. Il suit de là que si le défunt possédait un immeuble, qu'à défaut de juste titre il ne pouvait acquérir que par la prescription de trente ans, l'héritier qui obtiendra cet immeuble ne trouvera pas dans le partage le juste titre qui lui permettrait de prescrire par dix ou vingt ans : il ne pourra que continuer la possession de son auteur et prescrire aux mêmes conditions que lui. De même, si les cohéritiers comprennent par erreur dans le partage un immeuble étranger à la succession, le partage ne sera point, pour l'héritier à qui est échu cet immeuble, la base d'une prescription de dix à vingt ans : possesseur sans titre, il ne prescrira que par trente ans. Nous savons que la loi 17 *De usucapionibus* consacrait une décision contraire : cela était logique et conforme aux principes d'une législation qui considérait le partage comme un acte translatif de propriété. La question que nous venons d'examiner a été résolue dans le même sens par la jurisprudence : la Cour de Colmar a décidé, par arrêt du 9 févr. 1848 [1], qu'une personne ayant été admise par erreur au partage d'une chose indivise sur laquelle elle n'avait aucun droit, le partage n'avait pas créé en sa faveur un titre pour prescrire par dix ou vingt ans.

Mais si le partage ne peut pas, en tant que juste titre, servir de point de départ à la prescription décennale ou vicennale, il ne faut pas croire que le caractère déclaratif qui lui est attribué par nos lois n'exerce aucune influence sur l'accomplissement de la prescription. Bien au contraire, la règle proclamée par l'art. 883, en se combinant avec les principes de la prescription, produit des résultats fort remarquables. Ainsi supposons un immeuble indivis entre deux copropriétaires ; l'un demeure dans le ressort de la Cour impériale, dans l'étendue de laquelle est situé l'immeuble, l'autre dans un autre ressort. Un tiers possède l'immeuble de bonne foi et en vertu d'un juste titre. Combien de temps lui faudra-t-il pour prescrire? Tout dépend à cet égard du résultat du partage. L'immeuble est-il partagé par portions égales entre les deux cohéritiers : le tiers possesseur acquerra par la prescription décennale la part du copropriétaire présent, tandis qu'il lui faudra vingt ans pour acquérir la part de l'autre. L'immeuble est-

1. *Dev.* 50, 1, 513.

il attribué en totalité au copropriétaire domicilié dans le ressort : ce dernier est censé en avoir toujours eu la propriété exclusive ; c'est contre lui seul que le tiers a toujours prescrit : dix ans de possession suffiront donc pour acquérir la totalité de l'immeuble. Il en faudra vingt, au contraire, si l'immeuble tombe au lot de celui qui est domicilié dans le ressort d'une autre Cour impériale.

La combinaison de l'art. 883 avec l'art. 710 du Code Nap. a fait naître une controverse de la plus haute gravité. L'art. 710 présente une application de la maxime : *minor relevat majorem in individuis;* il dispose que lorsqu'un héritage, en faveur duquel une servitude est établie, appartient à plusieurs par indivis, la minorité d'un des copropriétaires suspend à l'égard de tous la prescription de la servitude. Or, la suspension de prescription, qui résulte de la minorité de l'un des copropriétaires, et qui pendant l'indivision profite au copropriétaire majeur, peut-elle être encore invoquée par ce dernier, lorsque l'immeuble lui est attribué en entier par l'effet du partage ultérieur, et que, d'après l'article 883, il est réputé en avoir toujours été seul propriétaire. Une espèce mettra mieux en évidence cette question délicate. Un immeuble indivis entre Primus et Secundus a une servitude de passage sur le fonds voisin. Primus est mineur et Secundus majeur. On procède au partage, et l'immeuble tombe au lot de Secundus. Secundus pourra-t-il prétendre que, grâce à la minorité de son copropriétaire, la prescription a été suspendue à son profit depuis l'ouverture de la succession jusqu'au partage ; en d'autres termes, sera-t-il fondé à invoquer l'art. 710? Ou bien le propriétaire du fonds servant qui soutient que la servitude est éteinte par le non-usage pendant trente ans a-t-il le droit de répondre à Secundus : il résulte de l'art. 883 que vous êtes réputé avoir toujours été seul propriétaire de l'immeuble qui vous est échu ; Primus au contraire est censé n'avoir jamais eu aucun droit sur ce fonds, l'indivision est effacée rétroactivement par la loi, il ne vous est donc pas permis d'invoquer une possession commune, que la loi déclare n'avoir point existé, et le privilége de minorité qui appartient à Primus d'après l'art. 2252 n'a pu empêcher le cours de la prescription à l'encontre d'un bien qui est censé lui avoir été toujours étranger?

Le second système a été consacré par deux arrêts de la Cour suprême[1]. Ces arrêts se fondent sur le caractère général et absolu de l'art. 883; ils enseignent que le législateur en proclamant la rétroactivité des partages, a voulu rattacher immédiatement à la personne du défunt la personne de l'héritier copartageant, et faire abstraction complète de l'époque comprise entre l'ouverture de la succession et le partage; qu'on ne pourrait, par conséquent, sans violer l'esprit de l'art. 883, supposer que pendant un laps de temps quelconque chacun des copartageants n'a pas été propriétaire unique et exclusif des biens qui lui sont échus. C'est à tort qu'on voudrait appliquer à l'espèce proposée l'art. 710 : cet art. statue pour le cas d'une copropriété permanente et définitive, et non pour celui d'une simple indivision transitoire qui a cessé. Il faut, dans ce dernier cas, recourir à l'art. 883, qui est destiné à régler les effets d'un partage dont l'art. 710 n'a point entendu s'occuper.

1. Déc. 1845, — 29 Août 1853.

Le premier sytème soutient que la fiction du partage déclaratif n'efface pas d'une manière absolue la possession commune qui a existé pendant l'indivision, et que la minorité de l'un des communistes conserve la servitude au fonds dominant, lors même que ce fonds échoit par le partage au copropriétaire majeur, contre lequel la prescription aurait pu courir. On invoque en faveur de cette doctrine les termes absolus de l'art. 710 : « Si parmi les cohéritiers il s'en trouve un contre lequel la prescription n'ait pu courir comme un mineur, il aura conservé le droit de tous les autres ». Une disposition ainsi conçue ne laisse pas le moindre doute sur la pensée du législateur : la conservation de la servitude n'est ni provisoire ni subordonnée à l'événement ultérieur du partage; elle a lieu, quel que soit celui des copropriétaires auquel le partage attribue le fonds dominant. On ajoute que le rapprochement de l'art. 709 jette sur le sens de l'art. 710 une singulière clarté. Cet article dispose que l'exercice de la servitude par l'un des copropriétaires interrompt la prescription à l'égard de tous; il veut que la servitude conservée par l'usage de l'un des communistes continue d'appartenir au fonds dominant, lors même qu'il tombe dans le lot d'un copropriétaire qui pendant l'indivision n'a pas usé de la servitude. Or il est évident que l'art. 710 contient l'expression du même principe; la minorité de l'un des copropriétaires équivaut donc à l'usage que l'un d'eux aurait fait de la servitude, et l'on peut dire que toutes les fois qu'un immeuble se trouve dans l'indivision, le fait ou la qualité d'un des cohéritiers conserve la servitude à l'immeuble. Vainement prétend-on dans l'opinion contraire que l'art. 710 statue seulement pour le cas d'une copropriété permanente et définitive; les termes de l'art. 710 repoussent une semblable restriction, ils s'appliquent d'une manière générale à tous les cas où un immeuble appartient par indivis à plusieurs, soit que l'indivision doive se perpétuer, soit qu'elle doive prendre fin dans un bref délai. D'ailleurs l'indivision n'est jamais considérée par la loi comme un état permanent et définitif; elle est, au contraire, une situation transitoire, qu'il importe à l'intérêt public de faire cesser le plus promptement possible. Ne voit-on pas enfin que c'est rendre illusoire et pour ainsi dire sans objet la disposition de l'art. 710 que d'en restreindre l'application à l'hypothèse tout à fait exceptionnelle d'une indivision permanente?

Tels sont les arguments qu'on peut faire valoir à l'appui d'une opinion qui, bien que condamnée par la Cour suprême, n'en a pas moins été défendue par d'éminents jurisconsultes. Nous n'hésitons pas à l'adopter. L'art. 710 est la reproduction exacte de la loi 10, au Dig. *quemadmodum servitutes amittuntur : « Si communem fundum ego et pupillus haberemus, licet uterque non uteretur, tamen propter pupillum et ego viam retineo »*. En faisant passer dans nos lois la décision des jurisconsultes romains, les rédacteurs du Code civil n'ont point remarqué qu'elle n'était pas en parfaite harmonie avec le nouveau principe qu'ils proclamaient dans l'art. 883. Cette décision leur paraissait commandée par le caractère d'indivisibilité des servitudes ; quant à la règle de l'effet déclaratif, ils n'ont jamais pensé qu'elle dût régir l'hypothèse prévue par l'art. 710. Il est donc hors de doute que l'art. 710 contient une dérogation à l'art. 883, et qu'en matière de servitudes, la prescription suspendue au profit d'un des copropriétaires l'est au profit de tous les autres, quel que soit d'ailleurs le résultat du partage.

Mais il en serait autrement s'il s'agissait de choses divisibles ; la règle de l'art. 883 reprendrait alors tout son empire. Ainsi, supposons qu'un tiers possède un immeuble indivis entre plusieurs copropriétaires dont l'un est mineur. La prescription suspendue pendant l'indivision au profit du mineur court à l'égard des autres communistes, mais ce sont là des résultats provisoires et subordonnés à l'événement du partage. Le mineur devient-il propriétaire de la totalité de l'immeuble ? La prescription n'a pu courir à l'encontre d'aucune portion de l'immeuble; car le mineur est censé en avoir toujours eu la propriété pleine et entière, tandis que les autres copartageants sont réputés n'y avoir jamais eu aucun droit. Si l'immeuble échoit à l'un des communistes majeurs, rien n'a entravé le cours de la prescription ; on ne serait point admis à prétendre qu'elle a été suspendue par la minorité d'un des copropriétaires, car le mineur, n'ayant obtenu par l'effet du partage aucune part dans l'immeuble, est censé n'y avoir jamais eu de droits.

### § V. — *De l'art. 563 du Code de Commerce.*

L'art. 563 du Code de commerce a fait naître une controverse intéressante relativement à l'étendue d'application de la règle de l'effet déclaratif. On sait qu'aux termes de cet art., si le mari était commerçant au moment de la célébration du mariage, ou si, n'ayant pas alors d'autre profession déterminée, il est devenu commerçant dans l'année, l'hypothèque légale de la femme ne frappe que les immeubles qui appartenaient au mari lors de la célébration du mariage ou qui lui sont advenus depuis par succession ou par donation entre-vifs ou testamentaire. Voici la difficulté que soulève la combinaison de cette disposition de notre droit commercial avec l'art. 883 du Code civil. Le mari est appelé concurremment avec un autre héritier à une succession immobilière; il arrive que par suite du partage tous les immeubles lui sont attribués moyennant une soulte ou un prix de licitation. On se demande alors si l'hypothèque légale de la femme s'étendra sur tous les immeubles ainsi mis au lot de son mari, ou si elle ne portera que sur la moitié; en un mot, faut-il admettre en matière de faillite la règle de droit civil en vertu de laquelle tout copartageant est censé tenir du défunt la totalité des biens à lui échus sur licitation. On dit en faveur de l'affirmative que l'art. 563 ne contient aucune dérogation à la règle formulée par l'art. 883 du C. N., et que le mot succession, dont il se sert pour caractériser la provenance des biens échus pendant le mariage, est inséparable de l'idée d'un partage avec tous les effets légaux qui y sont attachés par le droit commun. Ces raisons, dont il n'est pas possible de méconnaître la gravité, ont déterminé la Cour de Limoges à déclarer l'art. 883 applicable en cette matière. Je ne saurais adopter cette doctrine : il est bien vrai que l'art. 883 est général, et étend son empire jusque dans le droit commercial, mais je crois qu'on ne saurait l'appliquer dans notre espèce sans violer l'esprit de l'art. 563. Cet art. établit une distinction profonde entre les immeubles que le mari acquiert à titre onéreux pendant le mariage et ceux qui lui adviennent par succession ou par donation ; sur les premiers la femme n'a aucun droit de préférence, parce que la loi suppose avec raïson qu'ils sont le plus souvent acquis avec l'argent des créanciers ; elle a, au contraire, une hypothèque légale sur les seconds, parce qu'il est évident que le mari n'a rien déboursé pour les obtenir. Ainsi la loi ne veut soumettre à l'hypothèque légale de la femme que les immeubles acquis par le mari à titre purement gratuit, c'est-à-dire sans bourse délier. Or, il est incontestable dans notre espèce que la moitié des immeubles échus au mari ont été acquis par lui moyennant deniers, probablement avec l'argent de la caisse commerciale qui était le gage et pour ainsi dire la propriété des créanciers. Si l'on applique l'art. 883, le mari sera censé avoir succédé à la totalité des immeubles qui sont échus à son lot, l'hypothèque de la femme portera par conséquent sur tous ses immeubles, et nous verrons se produire ce résultat inique : les reprises de la femme exercées sur des biens obtenus au moyen de l'argent des créanciers du mari. Il est donc plus équitable d'écarter l'art. 883 et de restreindre l'hypothèque de la femme à la moitié des immeubles, puisqu'une moitié seulement de ces immeubles a été acquise à titre gratuit.

### § VI. — *Des conséquences de l'effet déclaratif du partage relativement à la transcription.*

Nous avons vu que la doctrine de l'effet déclaratif du

partage, née de la lutte des légistes contre la féodalité, avait été admise et proclamée par toutes les coutumes; dans les pays de nantissement, il en était résulté que le nantissement avait été jugé inutile pour les partages entre cohéritiers. En effet, cette formalité n'étant exigée que dans le but de rendre publique la translation de propriété, il était naturel d'en dispenser un acte qui était réputé ne contenir aucune aliénation. — Dans les temps modernes, la loi du XI brumaire an VII, fidèle aux traditions de l'ancienne jurisprudence, excepta virtuellement les partages du régime de la publicité en n'y assujettissant que les actes translatifs de biens et droits susceptibles d'hypothèques. Enfin la loi du 23 mars 1855 est venue consacrer de nouveau le principe de l'effet déclaratif du partage en affranchissant cet acte de la formalité de la transcription.

La loi de 1855 a donc tracé une ligne de démarcation profonde entre les actes translatifs de propriété et les partages ou actes qui en tiennent lieu; les premiers sont soumis au régime de la publicité, les seconds, au contraire, sont laissés sous l'empire d'une clandestinité complète. Avant la loi de 1855, et lors de l'enquête ouverte au sujet de la réforme hypothécaire, une controverse très-vive s'était engagée sur le point de savoir s'il fallait assimiler sous le rapport de la publicité les partages aux actes translatifs de propriété. Les Cours royales de Metz, Montpellier, Riom, la Faculté de droit de Poitiers s'étaient prononcées pour l'affirmative; elles soutenaient que les partages devaient, tout aussi bien que les actes translatifs de propriété, être portés à la connaissance des tiers. Le partage, disait-on dans ce système, n'est déclaratif que par une fiction de la loi; il produit en réalité les mêmes résultats qu'un acte translatif de propriété. En effet, durant l'indivision, chacun des héritiers a sur tous les objets héréditaires un droit indivis dont il peut disposer: par exemple, il peut aliéner, hypothéquer la part indivise qu'il y a dans un immeuble de la succession; or, qui ne voit que ce pouvoir cesse par l'effet du partage lorsque l'immeuble ne tombe pas dans son lot? Le partage éteint donc le droit de copropriété qu'avait chacun des copartageants sur les objets qui ne lui sont pas attribués, il lui enlève toute faculté d'en disposer dans l'avenir. Un acte réellement translatif de propriété, une vente, un échange, n'aurait pas un résultat différent. Supposons qu'une succession s'ouvre au profit de plusieurs héritiers : l'un d'eux vend sa part à son cohéritier, l'autre cède la sienne à un tiers étranger. Le premier acte est un partage, le second une vente, une aliénation; mais les deux actes ont un effet commun, celui d'anéantir les droits du cédant sur les biens cédés, de faire cesser en sa personne tout pouvoir de disposer de ses biens. Les tiers qui pourraient se mettre en relation de droit avec le cédant ont donc un intérêt égal à être informés de l'un et de l'autre de ces actes; et l'on ne saurait, sans tomber dans une inconséquence singulière, permettre que le partage demeure secret, et exiger la publicité de la vente.

La doctrine que nous venons d'imposer, fondée sur des considérations d'une parfaite justesse, reçut un accueil favorable; peu s'en fallut qu'elle n'obtînt une consécration législative. Le projet de loi présenté en

1850 par M. Bethmont à l'assemblée nationale s'écartait du système suivi par la loi du 11 Brumaire an VII, et soumettait à la publicité les actes de partage. Tel était aussi le principe admis par le projet de loi que le Conseil d'Etat soutint en 1855 devant le Corps législatif. L'art. 1er de ce projet était ainsi conçu : « Sont inscrits au bureau des hypothèques de la situation des biens : 1° « tout acte entre-vifs translatif ou déclaratif de propriété immobilière ou de droits susceptibles d'hypothèques..... 4° tout jugement d'adjudication ». Mais la commission nommée par le Corps législatif combattit cette disposition qui assimilait, au point de vue de la publicité, les partages aux actes translatifs de propriété. Deux arguments principaux furent invoqués par M. de Belleyme pour justifier l'opposition que rencontrait au sein de la commission législative l'assimilation proposée : 1° L'acte qui met fin à l'indivision n'a rien de commun avec les contrats de vente et d'échange ; il ne déplace aucun droit ; il est purement déclaratif et non attributif de propriété. Dira-t-on que c'est là une fiction de la loi ? Mais cette fiction n'en est pas moins la base des règles et des effets du partage, et l'on ne pourrait la modifier sans porter le trouble dans les dispositions du Code Napoléon. 2° Il n'y a pas d'ailleurs de raison suffisante pour y porter atteinte. Les créanciers des héritiers ont dans leurs mains un droit équivalent à celui qu'ils puiseraient dans la nécessité de la transcription. Ce droit résulte de l'art. 882, qui leur donne la faculté de faire opposition au partage, et d'y intervenir afin de sauvegarder leurs intérêts. La loi fournit donc au créancier un moyen sûr d'empêcher les fraudes de son débiteur; il n'est aucunement nécessaire de lui accorder en outre le droit de considérer comme nul tout partage non transcrit antérieurement à l'inscription par lui prise.

Ni l'un ni l'autre de ces arguments ne méritait d'être pris en sérieuse considération. Nous avons démontré que le partage, encore bien qu'il soit déclaratif, apporte de graves modifications dans les droits des copropriétaires, et que les tiers ont un intérêt incontestable à être informés de ces changements. Sans doute les créanciers des héritiers sont suffisamment protégés par le droit d'opposition au partage, que leur confère l'article 882 ; mais à quelles fraudes sont exposés les tiers qui traiteront avec les héritiers postérieurement au partage ! Deux héritiers, Primus et Secundus, sont appelés à une succession qui comprend deux immeubles A et B. Ils partagent, et Primus reçoit dans son lot l'immeuble B. Primus a soin de tenir le partage secret, et il propose à Tertius de lui vendre le droit indivis qu'il prétend avoir sur l'immeuble A, ou bien il lui offre une hypothèque sur la moitié indivise de cet immeuble. Dans le système de la clandestinité des partages, Tertius n'a aucun moyen de se mettre en garde contre la fraude qui se prépare ; il traitera avec Primus et sera victime de sa confiance, puisque le partage a eu pour effet d'enlever à Primus tout pouvoir de disposer de l'immeuble A échu au lot de son cohéritier. Supposons, au contraire, que le partage soit, comme la vente, soumis au régime de la publicité ; le partage dissimulé par Primus ne sera pas opposable à Tertius; tant qu'il ne sera pas trancrit, il restera jusqu'à l'accomplissement de cette formalité dénué de tout effet à l'égard des tiers dont il pourrait blesser les intérêts.

Il est regrettable que la commission du Corps législatif n'ait point été frappée des avantages que présente la publicité des actes du partage. L'art. 1er du projet de loi, modifié selon ses vues, fut ainsi définitivement rédigé : sont inscrits aux bureaux des hypothèques de la situation des liens : 1° tout acte entre-vifs translatif de propriété immobilière ou de droits réels susceptibles d'hypothèques... 4° tout jugement d'adjudication autre que celui rendu sur licitation au profit d'un cohéritier ou d'un copartagant.

La loi du 23 mars 1855 affranchit donc de la transcription les actes suivants : 1° Le partage ordinaire en nature. Il arrive quelquefois que des héritiers, en procédant au partage, conviennent qu'un immeuble placé dans un lot sera grevé de tel ou tel service foncier pour l'avantage et l'utilité d'un fonds placé dans un autre lot. La disposition de l'acte de partage qui constitue cette servitude tombe-t-elle sous l'application de l'art. 2 de la loi de 1855 ? doit-elle être soumise à la transcription ? Quelques auteurs ont soutenu l'affirmative, en se fondant sur le texte même de cet art. 2, qui assujettit à la transcription tout acte constitutif de servitude. Il n'est point utile, suivant eux, de rechercher si l'acte qui établit la servitude est déclaratif ou translatif de propriété ; la loi veut qu'il soit transcrit, par cela seul qu'il crée une servitude. — Dans notre espèce, d'ailleurs, peut-on dire que l'acte constitutif de servitude est simplement déclaratif? Non, car l'héritier dans le lot duquel est placé le fonds dominant se trouve nanti d'une propriété autre que celle qu'avait le défunt ; il ne saurait donc être réputé tenir du défunt un droit qui ne pouvait pas exister dans les mains de ce dernier.

Nous ne partageons pas cet avis ; nous pensons qu'un acte constitutif de servitude n'est soumis à la transcription qu'autant qu'il opère la transmission d'un droit. C'est le résultat que produit le plus souvent un acte de cette nature ; car la servitude est un droit réel, un démembrement de la propriété, qui passe du propriétaire du fonds servant au propriétaire du fonds dominant. Mais, dans l'hypothèse où nous raisonnons, il en est autrement : l'héritier, au profit duquel existe la servitude, ne l'a point reçue de l'héritier à qui le partage a attribué le fonds servant ; il est censé la tenir directement du défunt, et cette fiction n'est point inadmissible, comme on le prétend, puisque le service foncier a été détaché d'un droit de propriété compris dans la masse partageable.

2° Le partage avec soulte ou retour de lots. Il en serait ainsi, alors même que la soulte consisterait en immeubles tirés du patrimoine personnel du cohéritier qui en est chargé ; mais il est bien entendu qu'un partage ainsi fait, s'il est déclaratif par rapport aux biens auparavant indivis, perd ce caractère en ce qui concerne les biens donnés en retour. La dispense de transcription n'a trait dans l'espèce qu'aux biens héréditaires ; le partage, étant translatif à l'égard des immeubles qui constituent la soulte, doit être soumis à la publicité ; à défaut de transcription, il ne sera pas opposable aux tiers, qui contracteront postérieurement avec l'héritier qui a cédé les immeubles.

3° La licitation. Il n'y a point lieu de distinguer si l'adjudication est prononcée au profit d'un seul des communistes, ou si plusieurs d'entre eux ou même tous les héritiers moins un se sont portés conjointement adjudicataires ; nous savons en effet qu'il n'est pas nécessaire, pour que l'adjudication produise un effet déclaratif, qu'elle fasse cesser entièrement l'indivision quant à l'immeuble auquel elle s'applique. Qu'elle ait lieu en justice, ou à l'amiable entre les parties, que l'adjudicataire soit l'un des communistes originaires ou un étranger cessionnaire de la part de l'un d'eux, elle est dans tous les cas dispensée de la transcription. Elle n'y est assujettie que lorsque le jugement d'adjudication est rendu au profit d'un tiers étranger à l'indivision.

4° Toute cession de droits successifs faite par un cohéritier à son cohéritier. Peu importe qu'elle soit faite aux risques et périls du cessionnaire, ou qu'elle ne mette pas fin à l'indivision d'une manière absolue, comme dans l'hypothèse où elle est consentie par l'un des héritiers soit à quelques-uns de ses cohéritiers seulement, soit à tous ses cohéritiers ensemble ; mais il est nécessaire qu'elle soit à titre onéreux.

Il peut arriver qu'après le partage consommé les parties échangent leurs lots ; cette opération ne constitue pas un partage, mais une aliénation, puisque les copartageants ont cessé d'être dans l'indivision, et par suite n'ont pu faire qu'un échange de ce qui était déjà entré dans leur domaine exclusif. Pothier enseignait que si les copartageants échangeaient leurs lots avant d'en avoir pris possession réelle, cet acte devait passer pour un nouveau partage fait entre eux à la place du premier, qui n'ayant pas encore été exécuté et ne consistant que dans le seul consentement des parties, pouvait être anéanti par un consentement contraire. La solution donnée par Pothier était conforme aux principes du droit romain, d'après lequel le simple pacte non suivi de tradition ne pouvait pas transmettre la propriété. Mais, suivant notre droit moderne, un partage est terminé, dès lors que les parties y ont consenti; et bien qu'elles ne l'aient pas exécuté par la prise de possession de leurs lots respectifs, il est tout aussi irrévocable que le serait une vente non suivie de la tradition de la chose vendue. L'acte dont parle Pothier ne peut donc pas mettre à néant le premier partage; il n'est autre chose qu'un véritable échange.

## CHAPITRE IV.

### DE L'EFFET DÉCLARATIF DU PARTAGE AU POINT DE VUE DE LA LOI FISCALE.

Après avoir étudié la règle de l'effet déclaratif dans ses rapports avec le droit civil, il nous reste à rechercher quelle application en a été faite dans nos lois fiscales. Nous savons que, créée par les légistes en haine des droits seigneuriaux de mutation, elle pénétra peu à peu dans le droit civil, et y obtint, après une longue opposition, un empire incontesté; mais, chose singulière, tandis qu'elle faisait de constants progrès dans la législation civile, elle perdait du terrain dans le domaine du droit fiscal d'où elle tirait son origine. Dès le XVIIIe siècle, la législation du centième denier lui fit subir de notables restrictions; le fisc royal trouva des auxiliaires complaisants dans ces mêmes jurisconsultes qui avaient combattu avec persévérance les prétentions des seigneurs, et nous verrons que la loi du 22 frimaire an VII, bien loin d'admettre entièrement les principes consacrés par notre Code, y a apporté de si nombreuses dérogations, que la règle de l'effet déclaratif a perdu presque toute influence dans les matières fiscales.

Notre intention n'est point d'examiner en détail toutes les questions qu'a soulevées l'application de la loi de frimaire relativement au partage ; il n'est point de sujet plus compliqué ni plus fertile en controverses ; il faudrait, pour le traiter, dépasser les limites dans lesquelles doit se renfermer cette étude. Nous voulons seulement indiquer les grands principes qui dominent cette matière, afin de suivre dans toutes les parties de notre droit les destinées de la règle de l'effet déclaratif.

### § Ier. — *Des partages purs et simples.*

La loi du 22 frimaires an VII reconnaît au partage en nature un caractère purement déclaratif : en effet, dans son art. 68, § 3, nº 2, elle soumet à un droit fixe de 3 fr. « les partages de biens meubles et immeubles entre copropriétaires, à quelque titre que ce soit, pourvu qu'il en soit justifié ». L'art. 45 de la loi de finances du 28 avril 1816 a élevé ce droit à 5 fr. Il résulte des termes de l'art. 68 de la loi de frimaire que les parties doivent justifier du titre de la copropriété ; sinon le partage serait soumis au droit proportionnel.

La preuve exigée porte tout à la fois sur les droits des copartageants et sur les biens qui doivent faire l'objet du partage; car le but que se propose la loi est de prévenir la fraude des parties, qui voudraient opérer une mutation sans en acquitter les droits, soit en appelant au partage des personnes étrangères à la communauté, soit en comprenant dans la masse à partager des biens qui n'étaient pas indivis.

Le partage pur et simple est-il assujetti au droit de 1 1[2 p. 0[0, dont l'art. 54 de la loi du 28 avril 1816 frappe tous les actes de nature à être transcrits? Nous ne le pensons pas : la transcription est une formalité destinée à donner de la publicité aux mutations de propriété immobilière; elle sert à purger l'immeuble acquis des priviléges et hypothèques qui peuvent le grever. Or, le partage est un acte déclaratif, et il anéantit de plein droit les hypothèques consenties pendant l'indivision sur un immeuble qui ne tombe pas au lot du constituant. La transcription du partage serait donc une formalité tout à fait inutile ; par conséquent, le droit de 1 1[2 p. 0[0 ne doit pas être ajouté au droit fixe de 5 fr. déterminé pour les partages purs et simples. Toutefois il a été décidé par la Cour de Cassation que si un acte de partage est en fait présenté à la transcription, le droit de 1 1[2 p. 0[0 doit être perçu : les parties reconnaissent par cette présentation même que la transcription leur est utile, notamment à purger les hypothèques consenties par d'anciens propriétaires.

En matière civile, il n'est pas nécessaire, pour que l'effet déclaratif se produise, que les copropriétaires viennent au partage en vertu du même titre ; en est-il autrement en droit fiscal? Le droit proportionnel est-il dû, lorsque les copartageants ont des titres différents, lorsque le partage s'opère entre un héritier, par exemple, et un tiers devenu cessionnaire de l'autre héritier? L'affirmative a été consacrée par de nombreux arrêts de cassation [1] fondés sur ce motif, que l'art. 883 n'est point applicable dans les matières que régissent les lois de l'enregistrement. Nous ne saurions adopter la jurisprudence de la Cour suprême : à notre avis, l'art. 883 pose un principe général, qui doit recevoir son application même en matière fiscale, toutes les fois que la loi n'y a pas formellement dérogé, comme elle l'a fait en ce qui concerne les soultes et les licitations. Il y a même lieu de s'étonner que la question qui nous occupe ait pu naître en présence des termes si clairs et si décisifs de l'art. 68 de la loi de Frimaire ; que l'on se reporte au texte de cet article, et l'on verra qu'il soumet à un seul et même tarif les partages entre copropriétaires à quelque titre que ce soit. Ces mots « à quelque titre que ce soit » peuvent-ils laisser le moindre doute sur la pensée du législateur? N'est-il pas évident qu'ils ont eu précisément pour but de supprimer la distinction établie par les lois antérieures entre l'hypothèse d'un titre commun et celle de titres divers? Il est vrai que la doctrine que nous défendons peut faciliter la fraude au préjudice du trésor. Ainsi, un individu veut se rendre acquéreur d'un immeuble sans payer les droits de vente : il n'a qu'à acheter une minime fraction de cet immeuble, de manière à créer entre le vendeur et lui une indi-

1. *Cass.* 26 mai 1848. — 9 janv. 1854.

vision qu'il fait ensuite au moyen d'un prétendu partage qui a pour résultat de lui attribuer la totalité de l'immeuble. Telles sont les fraudes que la Cour de cassation a voulu prévenir en écartant d'une manière absolue dans notre hypothèse l'application de l'art. 883; mais n'y avait-il pas un autre moyen d'empêcher la spoliation du trésor? Ne pouvait-on pas distinguer entre le cas où les parties se sont sincèrement proposé par leur premier acte d'établir un état de communauté, et le cas où elles n'ont eu que l'intention de faire une vente de l'immeuble en deux actes successifs ? Il eût été plus équitable et plus conforme à la loi de frapper, dans ce dernier cas seulement, d'un droit proportionnel le partage que font les parties.

§ II. — *Du partage avec soulte.*

Dans l'ancienne jurisprudence, un certain nombre de *Coutumes* avaient refusé de voir un acte simplement déclaratif dans le partage avec soulte : en conséquence, elles assujettissaient aux droits de mutation les retours de partage entre communistes. Les rédacteurs de l'édit du centième denier devaient naturellement adopter le système le plus favorable aux intérêts du trésor. Aussi lisons-nous dans le *Dictionnaire des domaines* : « S'il est échu à l'un des copartageants des immeubles au delà de ce qui doit composer sa part, et qu'il soit tenu de faire raison de l'excédant à ceux qui sont moins partagés, c'est ce qu'on appelle soulte ou retour de lots. Le droit du centième denier en est dû, parce que la somme payée par l'un des copartageants à l'autre est le prix d'une acquisition qu'il fait jusqu'à cette concurrence. » La loi de Frimaire est restée fidèle à ces traditions;

l'art. 68, § 3, n° 2, après avoir soumis au droit fixe les partages en nature, ajoute : « S'il y a retour, le droit sur ce qui en sera l'objet sera perçu aux taux réglés pour la vente », et l'art. 69, § 5 et 7 détermine ce taux à deux francs par 100 fr. pour les meubles, et à quatre francs pour les immeubles. Ainsi la loi de Frimaire assimile le partage avec soulte à la vente, mais seulement sous le rapport des droits à payer au fisc : elle se garde bien d'ailleurs de confondre ces deux actes, puisqu'elle les tarife séparément, et, si elle voit dans le partage avec soulte, une aliénation, c'est une aliénation qui a un caractère propre et particulier, et qui se distingue de la vente par la volonté déterminante du contrat. Vainement l'administration a-t-elle soutenu que les partages avec soulte étant assimilés aux ventes par la loi de Frimaire an VII, se trouvaient implicitement compris dans la disposition de l'art. 52 de la loi du 28 avril 1816, qui élève à 5 1/2 0/0 le droit des ventes d'immeubles. La Cour de cassation, par un arrêt du 27 juillet 1819, a repoussé cette argumentation, en disant que l'art. 52 n'avait entendu parler que des ventes proprement dites, et qu'en matière d'impôts on ne pouvait pas par voie d'analogie étendre d'un cas à un autre une disposition de la loi.

Les partages avec soulte doivent-ils du moins être déclarés passibles du droit de transcription? L'administration a essayé de percevoir ce droit en se fondant sur l'art. 54 de la loi de 1816, qui soumet à un droit additionnel de 1 1/2 0/0 tous les actes de nature à être transcrits. Mais la Cour suprême a condamné ces prétentions par le même arrêt que nous venons de citer : elle a jugé que le partage avec soulte, n'étant que déclaratif d'après les principes du droit civil, ne peut pas être rangé dans la classe des actes qui sont sujets par leur nature à la transcription : car, aux termes de l'article 2181 du C. N., il n'y a que les contrats translatifs de propriété qui soient soumis à la nécessité de cette formalité.

Le droit de mutation n'est dû qu'autant que la soulte est payée en deniers appartenant au débiteur. Si l'inégalité des lots était compensée au moyen de biens héréditaires, tant meubles qu'immeubles, il n'y aurait qu'un partage pur et simple soumis au droit fixe de 5 fr. Notre loi fiscale ne saurait être plus rigoureuse que la législation du centième denier qui n'assujettissait au droit proportionnel que les soultes payées par le copartageant *ex propria pecunia*.

Lorsqu'un cohéritier reçoit dans son lot des meubles ou immeubles au delà de sa part, à la charge de payer dans les dettes une quotité plus forte que sa portion virile, y a-t-il soulte, et le droit proportionnel est-il exigible ? Oui, car nous trouvons ici la transmission de propriété que la loi veut atteindre : l'héritier qui se charge de dettes excédant sa part virile et reçoit comme équivalent une portion plus considérable de biens fait une véritable acquisition. Il est incontestable qu'il y a soulte, lorsqu'un héritier qui a reçu des biens communs au delà de ses droits paye directement un retour à son cohéritier ; quelle raison y a-t-il d'en décider autrement, quand c'est au créancier de ce cohéritier que la somme est payée ? Toutefois il n'y a plus soulte à notre avis, et partant plus de droit proportionnel exigible, si l'héritier ne reçoit des biens héréditaires au delà de sa part, qu'à la charge de les vendre et d'employer le prix de vente à l'acquittement des dettes excédant sa part contributive. Cet héritier n'est alors qu'un simple mandataire de ses cohéritiers; il ne paye qu'avec les fonds communs, il ne conserve rien au delà de sa part.

## § IV. — *Des licitations.*

La loi fiscale s'écarte encore en cette matière des principes proclamés par le droit civil. Lorsqu'un héritier se rend adjudicataire d'un immeuble indivis, il est censé d'après l'art. 883 le tenir en totalité du défunt ; la loi fiscale, au contraire, le considère comme ayant acquis de ses cohéritiers tout ce qui excède dans cet immeuble sa part héréditaire.

Nous savons que dans l'ancien droit la licitation assimilée d'abord à la vente avait fini par être considérée comme un acte purement déclaratif, et par être affranchie complétement des droits seigneuriaux de lods et ventes. Mais le fisc royal devait être de composition moins facile que les seigneurs : un édit de 1708 frappa « les licitations » du droit de centième denier. Les expressions trop vagues de cet édit firent renaître la controverse qu'avait tranchée l'arrêt de 1538 rendu sous l'influence de Dumoulin : les fermiers généraux prétendirent, comme l'avaient fait les seigneurs, que le droit proportionnel portait sur la totalité du bien licité, sur la part du colicitant adjudicataire, aussi bien que sur celle de ses copropriétaires. Mais le bureau des finances décida que l'impôt n'était dû que pour les parts acquises par l'adjudicataire. C'est cette jurisprudence que la loi de Frimaire a entendu consacrer; et pour prévenir toute équivoque, elle a substitué aux expressions trop générales de l'édit de 1708 les termes précis et clairement limitatifs de « parts et portions acquises ». Dans son art. 69 elle frappe d'un droit de 2 0/0 les parts et portions acquises par licitation de biens meubles indivis, et d'un droit de 4 0/0 les parts et portions indivises de biens immeubles acquis par licitation.

Mais que faut-il entendre par ces mots « part acquise » ? Suivant les uns, ils désignent ce qui excède la part de l'héritier adjudicataire dans l'immeuble; suivant d'autres, ce qui excède la portion à laquelle il a droit dans la masse héréditaire. Pour faire sentir toute l'importance de cette question, il suffit de poser une espèce. Soient une succession d'une valeur de 50,000 fr., et deux héritiers. Un des héritiers se porte adjudicataire d'un immeuble de 25,000 f.; quels droits sont dus au Trésor ? Dans le premier système, un droit proportionnel sur la moitié de l'immeuble ou sur 12,500 fr., puisque l'héritier n'avait avant l'adjudication que la moitié indivise de cet immeuble; dans le second système, aucun droit proportionnel ne peut être exigé, puisque l'adjudicataire n'obtient rien au delà de sa part dans la masse héréditaire. — Il existe en matière d'enregistrement une règle fondamentale, c'est qu'une mutation ne peut donner ouverture à plus d'un droit proportionnel. Lorsqu'une succession est dévolue à plusieurs héritiers, chacun d'eux est soumis à un droit proportionnel à raison de sa part héréditaire; dans l'espèce que nous avons posée plus haut, chaque héritier doit payer un droit de mutation sur 25,000 fr. Si le partage n'attribue à chacun que sa part virile, c'est-à-dire 25,000 fr., un droit fixe est seul exigible; un nouveau droit de mutation ne peut être dû que si l'un des héritiers fait une acquisition nouvelle, par exemple s'il obtient par le partage 30,000 fr. au lieu de 25,000. Lors de l'ouverture de la succession, il n'a payé de droit proportionnel que sur 25,000 fr.; il en doit un second sur 5,000. Appliquons à notre espèce les principes que nous venons d'exposer. Nous avons supposé que l'un des héritiers s'était rendu adjudicataire d'un immeuble de 25,000 fr. Il n'a rien acquis de plus que sa part héréditaire. Donc, il faut décider qu'aucun droit de mutation n'est dù, puisque cette part héréditaire a déjà été soumise à un droit proportionnel. Rien de plus logique et de plus équitable que cette manière de procéder. Le premier système, au contraire, conduit au résultat le plus inique : puisqu'on considère comme part acquise tout ce qui excède le droit de l'adjudicataire dans l'immeuble licité, l'héritier doit payer un droit de mutation sur 12,500. Ainsi il a payé le droit proportionnel d'abord sur 25,000 fr., puis sur 12,500, c'est-à-dire sur 37,500, bien qu'il ne soit entré dans son patrimoine que 25,000 fr.

Le système que nous défendons était celui du centième denier; il avait été adopté par l'administration de l'enregistrement et suivi par elle jusqu'en 1835. Une décision ministérielle du 21 décembre 1829 portait « que l'art. 69, qui assujettit les parts acquises, doit être entendu de ce qui est réellement acquis par un cohéritier au delà de sa part virile dans la masse, et non dans un immeuble qui n'est lui-même qu'une fraction de la masse ». En conséquence, lorsqu'une adjudication était présentée à l'enregistrement, le receveur devait examiner si le prix de l'immeuble licité dépassait le montant des droits de l'héritier adjudicataire dans la succession. Rien n'était plus facile à apprécier si les parties produisaient en même temps un acte de partage assignant à chacun sa part héréditaire. Mais il en était autrement, si la licitation laissait subsister l'indivision dans une partie plus ou moins considérable des biens héréditaires ; dans ce cas, on percevait le droit d'enregistrement sur tout ce qui excédait la portion du cohéritier adjudicataire dans l'immeuble licité ; mais la perception était provisoire, et susceptible de restitution, s'il était établi, dans un délai de deux ans, que par un partage définitif le prix de licitation avait été attribué au cohéritier acquéreur pour sa part virile dans la masse. En 1835, une instruction ministérielle vint décider que la perception du droit proportionnel devait porter sur tout ce qui excédait la part de l'héritier dans l'immeuble licité, et que les droits étant régulièrement perçus ne seraient point restitués, quel que fût le résultat du partage définitif. La Cour de cassation a consacré par de nombreux arrêts le nouveau système de la régie ; toutefois elle admet un tempérament à ses rigueurs : si l'acte de partage est soumis à l'enregistrement en même temps que l'adjudication, les deux actes sont considérés comme formant un tout indivisible, et le droit proportionnel n'est pas dû quand, par l'effet de l'adjudication, l'héritier n'acquiert rien au delà de ses droits dans la succession tout entière.

### § IV. — *Des actes équipollents à partage.*

Les dispositions de la loi fiscale, qui régissent le partage, sont aussi appliquables à tous les actes qui, sous la dénomination de vente, d'échange, ou sous toute autre dénomination, ont pour objet de faire cesser l'indivision. Telle est la cession de droits successifs entre cohéritiers; cet acte constitue soit une véritable licitation, s'il comprend la totalité d'un bien héréditaire, soit un partage avec soulte, s'il n'a pour objet qu'une portion excédant les droits de l'héritier cessionnaire. Il n'est donc pas passible du droit de vente, mais seulement du droit proportionnel qui frappe les acquisitions de parts indivises. L'administration reconnaît en effet le caractère d'une licitation à la cession pure et simple entre cohéritiers de droits immobiliers dans une succession indivise : elle la soumet non pas au droit de 5 1/2 0/0 fixé par l'art 52 de la loi du 28 mars 1816, mais au droit de 4 0/0 déterminé par l'art. 69, § 7 de la loi du 22 frimaire an VII.

Lorsque la cession de droits successifs est faite aux risques et périls du cessionnaire, cesse-t-elle d'être un partage, et doit-elle être considérée comme une vente passible du droit proportionnel établi sur les ventes ordinaires ? L'administration, par une délibération du 7 avril 1821, s'est prononcée pour l'affirmative, et a prescrit la perception du droit de 5 1/2 0/0 ; mais la Cour de cassation a jugé le contraire par arrêt du 5 nov. 1822, et, à notre avis, elle a fait une exacte application de la loi. La clause qui affranchit le cédant de toute garantie exclut sans doute la possibilité de l'action en rescision, mais elle n'enlève point à la cession le caractère de partage qui lui appartient, par cela seul qu'elle a pour objet de faire cesser l'indivision.

Il faut également assimiler au partage l'acte par lequel un des héritiers reçoit la totalité des biens héréditaires en échange d'un ou de plusieurs immeubles à lui propres. Le droit à percevoir est celui qui est déterminé par l'art. 69, § 7 de la loi du 22 frimaire an VII.

# POSITIONS.

## DROIT ROMAIN.

I. L'adjudication ne transfère la propriété que dans un *judicium legitimum.*

II. L'usufruit ne peut pas être conféré par adjudication à partir d'un terme fixe ou de l'événement d'une condition.

III. L'usufruit n'est pas susceptible d'un véritable partage.

IV. Le partage est rescindable pour lésion de plus de moitié.

V. La loi 3, Cod. com. *utr. jud.*, s'applique au partage judiciaire.

## DROIT FRANÇAIS.

### CODE NAPOLÉON.

I. L'art. 883 s'applique aux créances héréditaires, sauf le maintien des droits acquis à des tiers dans l'intervalle de l'ouverture de la succession à la confection du partage.

II. La licitation n'a pas un effet déclaratif, lorsque c'est un étranger qui se porte adjudicataire.

III. Le partage est déclaratif même dans le cas où il intervient entre des copropriétaires dont les droits ne proviennent pas d'un titre commun.

IV. Il faut assimiler au partage la cession de droits successifs consentie par l'un des cohéritiers à un autre, alors même qu'elle aurait été faite aux risques et périls du cessionnaire.

V. L'acte qui ne met fin à l'indivision qu'à l'égard d'un ou de quelques-uns des communistes est régi par l'art. 883.

VI. L'aliénation d'un bien héréditaire, consentie par un héritier pendant l'indivision, se trouve anéantie, si ce bien ne tombe pas dans le lot de l'héritier qui a consenti l'aliénation.

## CODE DE PROCÉDURE.

L'exception résultant de la tardiveté de l'appel ne tient pas à l'ordre public ; elle est couverte par une communication de pièces et par toute défense au fond.

## CODE DE COMMERCE.

L'art. 883 du C. Nap. n'est point applicable dans l'hypothèse prévue par l'art. 563 du Code de commerce.

## DROIT PÉNAL.

I. Quand un accusé précédemment condamné à un emprisonnement de plus d'une année est reconnu coupable d'un crime, mais qu'à raison de circonstances atténuantes admises en sa faveur ce crime n'est passible que de peines correctionnelles, il y a lieu de faire l'application de l'art. 58 du Cod. pén. modifié par la loi du 13 mai 1863.

II. Le droit de réhabilitation, en matière correctionnelle, existe pour le condamné dans tous les cas, et alors même qu'aucune déchéance, incapacité ou interdiction, ne serait la conséquence du jugement.

## DROIT ADMINISTRATIF.

I. L'expropriation pour cause d'utilité publique du sous-sol ou d'une portion du sous-sol d'une propriété bâtie doit être considérée comme une expropriation partielle de cette propriété, dans le sens de l'art. 50 de la loi du 3 mai 1841, et ouvre dès lors à l'exproprié le droit d'en requérir l'expropriation intégrale, sans distinction entre le sous-sol et les constructions établies à la surface.

II. Le droit proportionnel, en cas de licitation, ne doit être perçu que sur ce qui excède la part de l'héritier adjudicataire dans la masse héréditaire.



POITIERS. — IMPRIMERIE DE HENRI OUDIN.